Thomas Mann

Mario und der Zauberer

von Martina Hoffschulte

Schroedel Interpretationen Band 21

Druck A 1 / Jahr 2011

Redaktion: Dr. Hans-Georg Schede
Reihentypografie: Thomas Schröder, Braunschweig
Satz: Ira Petersohn, Ellerbek
Repro und Druck: westermann druck GmbH, Braunschweig
Titelbild: Pavel Greco als Mario in dem unter der Regie von Klaus Maria Brandauer entstandenen Spielfilm »Mario und der Zauberer« (Deutschland / Österreich / Frankreich 1994) nach der Erzählung von Thomas Mann. Foto: © ddp images

ISBN 978-3-507-47717-9

Einführung

Die Erzählung *Mario und der Zauberer* geht zurück auf einen Ferienaufenthalt Thomas Manns mit seiner Frau und ihren beiden jüngsten Kindern 1926 in Italien. Die Urlaubserlebnisse der Familie haben drei Jahre später Eingang in die Novelle gefunden, in der Thomas Mann eine genaue Diagnose des Lebens in der faschistischen Gesellschaft gegeben hat. Die *Mario*-Erzählung erhielt national wie international viel Aufmerksamkeit. Man lobte ihre literarische Qualität und formal-ästhetische Meisterschaft. Der politische Gehalt wurde unterschiedlich gewichtet.

Im amerikanischen Exil schrieb Thomas Mann 1941 über seine Erzählung: »[...] es versteht sich [...], daß die Novelle entschieden einen moralisch-politischen Sinn hat. Der europäische Faschismus war damals im Heraufziehen, seine Atmosphäre lernte ich bei dem Besuch in Italien, der die Erzählung zeitigte, kennen, und die Tendenz der Novelle gegen menschliche Entwürdigung und Willenszwang ist denn auch in der vorhitlerisch[en], nationalistisch-faschistischen Sphäre Deutschlands klar genug empfunden worden [...].« (Brief an Hans Flesch vom 26. Juni 1941)

Bei einer Erzählung, die so offenkundig Zeitgeschichte spiegelt, dominiert die politische Lesart. Als heutiger Leser – mit dem historischen Wissen über die Zeitströmungen Ende der 1920er-Jahre in Italien und Deutschland – wird man immer auch nach dem politischen Gehalt des Texts fragen. Auch hat die Erzählung nichts an Aktualität verloren, kann sie doch als Warnung vor heutigen »Cipollas« gelesen werden. Aber der politische Deutungsansatz ist nicht der einzige. In der Erzählung werden eine Reihe wichtiger Thomas-Mann-Themen aufgegriffen, von den autobiographischen Bezügen bis zu der seinem Werk immanenten Künstlerproblematik.

Im vorliegenden Buch wird die kunstvolle erzählerische Gestaltung der Novelle in den Abschnitten »Form« und »Figuren« wie auch in den »Exemplarischen Interpretationen« analysiert. Deren zweite nimmt insbesondere die leitmotivischen Strukturen in den Blick, die die beiden Teile der Erzählung verbinden und ein Ideen- und Stimmungsnetz hinsichtlich dessen knüpfen, was ›in der Luft liegt‹. Im Abschnitt »Gehalt« wird die Erzählung vor dem politischen Hintergrund von Faschismus und Nationalsozialismus gedeutet. Außerdem geht es dort um die Frage, was Cipolla mit anderen Künstlerfiguren im Werk Thomas Manns und mit »Bruder Hitler« gemeinsam hat. Die Beziehung zwischen Cipolla und dem Publikum, zwischen (Ver-)Führer und Masse, ist aus psychologischer Sicht interessant. Diese verschiedenen Deutungsansätze haben, wie sich zeigt, alle ihre Berechtigung und ergänzen einander.

Da die Erzählung nicht losgelöst von Thomas Manns politischer Position am Ende der Weimarer Republik zu betrachten ist, werden auch seine Essays und Reden der Zeit miteinbezogen. Das Buch beginnt mit einem Kapitel, das Thomas Mann und sein Werk überblicksartig vorstellt, auf den zeitgeschichtlichen Hintergrund eingeht und die Entstehungsgeschichte der *Mario*-Novelle erzählt. Zwischen diesem einleitenden Kapitel und der eigentlichen Untersuchung findet sich eine ausführliche Inhaltsangabe. Den Band beschließen zwei Kapitel zur »Literaturgeschichtlichen Einordnung« und zur »Rezeption« der Erzählung unter Einbeziehung ihrer Verfilmung sowie eine Auswahlbibliographie.

Zitiert wird aus der Erzählung nach der Einzelausgabe des Fischer Taschenbuch Verlags (Nr. 9320) durch die Nennung der Seitenzahl. Die Sekundärquellen werden mithilfe von Kürzeln nachgewiesen, die in der Auswahlbibliographie aufgeschlüsselt sind.

I Biographische und zeitgeschichtliche Einflüsse

1 Biographischer Zusammenhang

Thomas Mann war 54 Jahre alt, als die Novelle *Mario und der Zauberer* im Jahr 1930 erschien. Sie war sein erstes Erzählwerk nach dem Literaturnobelpreis, den er im Jahr 1929 erhalten hatte. Thomas Mann befand sich auf dem Höhepunkt seines literarischen Ruhms.

Autobiographische Erlebnisse sind, wie häufig bei Thomas Mann, auch für *Mario und der Zauberer* eine wichtige Quelle. Sie lieferten die Materialbasis für einen großen Teil der Erzählung, worauf schon der Untertitel *Ein tragisches Reiseerlebnis* hindeutet. Damit ist ein für Thomas Mann wesentliches Thema angesprochen: die enge Verbindung von Leben und Werk beziehungsweise die Frage, wie aus Leben Kunst wird.

Die Novelle, die Thomas Mann größtenteils im August 1929 während eines Sommerurlaubs mit seiner Frau Katia und den beiden jüngsten Kindern Elisabeth und Michael im Ostseebadeort Rauschen schrieb und nach der Rückkehr in München fertigstellte, geht auf Erlebnisse einer früheren Urlaubsreise zurück. Im Spätsommer 1926 hielt sich Thomas Mann ebenfalls mit seiner Frau und der achtjährigen Elisabeth und dem siebenjährigen Michael in der Pension Regina in Forte dei Marmi bei Viareggio auf. Diese Reise diente auch als Erholungsreise für die Kinder, die zuvor beide an Keuchhusten erkrankt waren.

Während dieses Aufenthalts in Forte dei Marmi beschrieb Thomas Mann in einem Brief an den österreichischen Schriftstellerkollegen Hugo von Hofmannsthal vom 7. September, wie er die Atmosphäre am Urlaubsort empfand:

> Wir haben Licht und Wärme in Überfülle gehabt, und die Kinder waren glückselig am Strande und im warmen Meer. An kleinen Widerwärtigkeiten hat es anfangs auch nicht gefehlt, die mit dem derzeitgen unerfreulichen überspannten und fremdenfeindlichen nationalen Gemütszustand zusammenhingen, und uns belehrten, daß man jetzt nicht gut tut, einen Badeort dieses Landes in der rein italienischen Hochsaison aufzusuchen. [...] Natürlich hat das eigentliche Volk seine Liebenswürdigkeit bewahrt und steht geistig nicht unter dem blähenden Einfluß des Duce. (GkFA, S. 245–247)

Thomas Mann reagierte relativ gelassen auf die »kleinen Widerwärtigkeiten«, die seine Familie erlebte und die sich im Detail in der Erzählung wiederfinden. Die Erlebnisse im Einzelnen: Es herrschte große Hitze am Urlaubsort, der von einheimischen Feriengästen überfüllt war. Die Familie Mann wurde im Grand Hôtel unfreundlich behandelt. So wurde es ihr verwehrt, auf der Veranda mit Blick auf Promenade und Meer zu speisen, wie es sich besonders die Kinder wünschten. Die Veranda blieb den italienischen Gästen vorbehalten. Eine italienische Adlige, die sich im selben Hotel einquartiert hatte, befürchtete, ihre Kinder könnten sich bei den deutschen Kindern mit Keuchhusten anstecken; und obwohl ein Arzt die Unbedenklichkeit der Lage bestätigte, verlangte die Hotelleitung, dass die Familie in ein Nebengebäude umziehen solle. Derart brüskiert, zogen die Manns es vor, eine neue Bleibe zu suchen. Diese fand sich in der Pension Regina. Am Strand sorgte dann die achtjährige Elisabeth, die ihren Badeanzug im Meerwasser gewaschen hatte, mit ihrer Nacktheit für moralische Empörung unter den einheimischen Strandgästen. Auch die Vorführung des Zauberers mit dem Kuss Marios hat wirklich stattgefunden.

Thomas Mann (1875 bis 1955) und seine Frau Katia mit ihren jüngsten Kindern Elisabeth und Michael im Jahre 1927 auf Sylt.

Über den Anteil seiner ältesten, 1905 geborenen Tochter Erika an der Konzeption der Novelle gibt ein Brief Thomas Manns an den Schriftsteller und Kritiker Otto Hoerth vom 12. Juni 1930 Auskunft:

> Der ›Zauberkünstler‹ war da und benahm sich genau, wie ich es geschildert habe. Erfunden ist nur der letale Ausgang: In Wirklichkeit lief Mario nach dem Kuß in komischer Beschämung weg und war am nächsten Tage, als er uns wieder den Thee servierte, höchst vergnügt und voll sachlicher Anerkennung für die Arbeit ›Cipolla's‹. Es ging eben im Leben weniger leidenschaftlich zu, als nachher bei mir. [...] Die Schüsse aber sind nicht einmal meine Erfindung: Als ich von dem Abend hier erzählte, sagte meine älteste Tochter: ›Ich hätte mich nicht gewundert, wenn er ihn niedergeschossen hätte.‹ Erst von diesem Augenblick war das Erlebte eine Novelle, und um sie auszu-

> führen, brauchte ich das Atmosphäre Gebende anekdotische Detail vorher, – ich hätte sonst keinen Antrieb gehabt, davon zu erzählen [...]. (GkFA, S. 473 f.)

Elisabeth Mann bewahrte noch sieben Jahrzehnte später genaue Erinnerungen an den Urlaubsaufenthalt in Italien.

An die Ereignisse in Forte dei Marmi erinnere ich mich noch genau – [...] / [I]ch hatte ja ein Sommerhaus in Forte dei Marmi, in den Jahren 1955–1975 [...]. / Das Grandhotel war in den Fünfzigerjahren noch genau so wie in den Zwanzigerjahren, mit den Tischlämpchen und allem Zubehör. Der Strand war auch ganz unverändert. [...] Ich sehe mich noch nackt über den Strand laufen, mit der nassen Badehose, aus der ich schnell den Sand gewaschen hatte, in der Hand – böse Augen auf mich gerichtet, und dann kam die Schreckens-Szene auf der Polizei! Ich war ja erst höchstens sieben Jahre alt und sah aus wie fünf. / Den »Zauberer« hatte ich mir ganz anders vorgestellt. Ich hatte noch nie einen gesehen, aber mein Vater hat uns (mir und meinem Bruder Michael) erzählt, was für phantastische Dinge Zauberkünstler fertig bringen. Er meinte sogar, die behaupten nur, sie seien Künstler und alles sei Lug und Trug – in Wirklichkeit aber seien sie echte Zauberer: sie dürften es nur nicht zugeben, sonst würde man sie wahrscheinlich des Landes verweisen! Aber dieser Zauberer war ja nun etwas ganz anderes, und da gab es keine Tricks; das war echt. Und die hypnotisierten Menschen haben mich noch mehr geängstigt als der Zauberer selbst. / Die ganze Atmosphäre in Forte dei Marmi war etwas bedrückend und beängstigend [...]. Obwohl vieles so schön war, dass es mich im späteren Leben wieder hinzog, waren wir damals doch alle froh, wie wir wieder zuhause waren!

Elisabeth Mann Borgese, Die Ereignisse in Forte dei Marmi (1998). Zitiert nach: BBH-Katalog, S. 203

Die publizistischen Schriften Thomas Manns aus den Jahren zwischen dem Italienurlaub (1926) und der Niederschrift der Novelle (1929) lassen erkennen, welche politischen Befürchtungen Thomas Mann zu dieser Zeit bewegt haben. Zu nennen sind hier vor allem die *Rede über Lessing* (1929), die Abhandlung zur *Stellung Freuds in der modernen Geistesgeschichte* (1929) und seine *Deutsche Ansprache. Ein Appell an die Vernunft* (1930). Seine Sorge bezog sich auf die Gefahr eines faschistischen Regimes auch in Deutschland. Er befürchtete, auch Deutschland könnte sich einem Machthaber, wie er ihn gleichnishaft in Cipolla beschreibt, ausliefern. Das italienische Reiseerlebnis reicherte sich so mit weiteren politischen Erfahrungen an, bevor Thomas Mann es zur Novelle ausarbeitete.

Aus den Zwanzigerjahren stammen zahlreiche Wortmeldungen Thomas Manns als kritischer Zeitgenosse und politischer Warner – hervorzuheben ist die Rede *Von Deutscher Republik*, mit der er 1922 erstmals nachdrücklich für die Demokratie eingetreten ist. In erster Linie aber war das Jahrzehnt erfüllt von der Arbeit an den großen Romanen *Der Zauberberg* (bis 1924) und *Joseph und seine Brüder* (seit 1926).

Zählt man die *Joseph*-Tetralogie als *einen* Roman, so hat Thomas Mann neben diesem und dem schon genannten *Zauberberg*, der eine Diagnose des an sein Ende gelangten, dem Ersten Weltkrieg entgegentaumelnden Bürgerlichen Zeitalters bietet, sechs weitere Romane geschrieben. Für *Buddenbrooks* (1901), die stark auf der eigenen Familiengeschichte beruhende große Erzählung vom »Verfall« einer Kaufmannsfamilie, wurde ihm 1929 der Nobelpreis verliehen. Der Roman *Königliche Hoheit* (1909) ist als autobiographisches Märchen angelegt. In *Joseph und seine Brüder* erzählt Thomas Mann auf eine Weise, die er selbst auf die Formel »Mythos plus Psychologie« brachte, in vier Romanen auf mehr als 1800 Seiten die biblische

Josephslegende. Der erste Roman *Die Geschichten Jaakobs* erschien 1933. In die Entstehung dieses Romans wurde die *Mario*-Novelle eingeschoben. *Der junge Joseph* folgte 1934 und 1936 dann *Joseph in Ägypten*. Zwischen dem dritten und vierten Band der *Joseph*-Tetralogie entstand der Goethe-Roman *Lotte in Weimar* (1939), in dem Thomas Mann eine späte Wiederbegegnung Charlotte Kestners mit Goethe erzählt, der sich mehr als vier Jahrzehnte zuvor in sie verliebt und ihr in seinem Briefroman *Die Leiden des jungen Werthers* ein Denkmal gesetzt hatte. Goethe galt Thomas Mann als großes Vorbild, als Orientierung in persönlicher und künstlerischer Hinsicht. 1943 erschien dann der vierte und letzte *Joseph*-Band *Joseph der Ernährer*, und zwar wie auch schon der Goetheroman im amerikanischen Exil. Thomas Manns Bewunderung für den amerikanischen Präsidenten Franklin D. Roosevelt (1882–1945) hat darin Ausdruck gefunden, dass er seiner Joseph-Figur Charakterzüge Roosevelts verliehen und in Josephs Rolle als Ernährer des ägyptischen Volks zugleich Roosevelts Reformpolitik literarisch geadelt hat: Genau wie Roosevelt die Vereinigten Staaten aus der lähmenden Apathie der ›Great Depression‹ zu Beginn der Dreißigerjahre riss, führt Joseph die Ägypter und auch Israel aus der Hungersnot. Der Roman verleiht der Hoffnung Ausdruck, dass menschliches Handeln in sozialer Verantwortung mit der Bewahrung der mythisch-irrationalen Wurzeln der Kreativität vereinbar ist.

Damit ist ein Lebensthema Thomas Manns angesprochen, der Dualismus von Geist und Leben. Sowohl der *Joseph*-Roman als auch die Essays dieser Zeit zeichnen sich dadurch aus, dass sie Geist und Leben – für den jungen Thomas Mann zwei unvereinbare Sphären – wieder zusammendenken. Sie nicht mehr auseinanderfallen zu lassen, sondern sie als das ›Gute‹ dem ›bösen‹ Ungeist des Nationalsozialismus gegenüberzustellen, unterscheidet Thomas Manns Position der

Dreißiger- und Vierzigerjahre von der Zeit der *Betrachtungen eines Unpolitischen* (1918). Dieser umfangreiche im Ersten Weltkrieg entstandene politisch-ästhetische Essay war auch Ausdruck eines jahrelangen schweren Zerwürfnisses mit dem älteren Bruder Heinrich gewesen, einem ebenfalls bekannten Romancier, der sich am Leitbild der westlichen Zivilisation und Demokratie orientierte. In seinen *Betrachtungen* hatte sich Thomas Mann abfällig über die Meinung geäußert, dass Kunst »Propaganda zu treiben« habe »für Reformen sozialer und politischer Natur« (GW XII, S. 27). Diese antidemokratischen Ansichten hat er schon wenig später revidiert und als Verirrung bezeichnet. Indem *Joseph und seine Brüder* das Aufeinander-Angewiesensein von Geist und Leben zum Ausdruck bringt, ist der Roman eine Abwendung und Korrektur von Thomas Manns früherer Weltsicht.

Den Roman *Doktor Faustus* (1947), entstanden in den Jahren 1943 bis 1947, in dem sich in einem Künstlerschicksal – vermittelt durch die Idee des Teufelspakts – das Schicksal Deutschlands spiegelt, verstand Thomas Mann als eine radikale Autobiographie und Lebensbeichte. Entsprechend war die Zeit der Niederschrift in Thomas Manns Schriftstellerleben ein Ausnahmezustand. Alles, was sich zwischen die Beschäftigung mit dem Roman schob, Vorträge, Essays und die Rundfunkreden *Deutsche Hörer!*, war mit dem Buch verbunden und mit seiner Thematik, dem Untergang Nazi-Deutschlands, ohnehin. Der Widerstand gegen den Nationalsozialismus ist das beherrschende Sujet dieser Jahre. Thomas Manns Mahnrufe lassen sich als Kommentar zu dem Roman und seinem komplexen Stoff lesen. Den Roman – in dessen Zentrum der avantgardistische Komponist Adrian Leverkühn als Mensch steht, der das Leid der Epoche trägt – empfand Thomas Mann als die Summe seiner künstlerischen Existenz. Der Erzähler des Romans, der humanistisch geprägte Gymnasialprofessor Serenus Zeitblom, ein Jugendfreund Leverkühns, teilt mit anderen Protagonisten Thomas Manns eine gewisse Passivität. Gustav von Aschenbach überantwortet sich in Thomas Manns berühmtester Erzählung *Der Tod in Venedig* (1912) dem Tod, als er den Zug, der ihn aus der Schwüle des seuchenbedrohten Venedig wegbringen soll, in letzter Minute doch nicht besteigt (vgl. GW VIII, S. 483 f.). Auf ähnliche Weise wird der Erzähler in *Mario und der Zauberer* Zeuge menschlicher Demütigungen und der Tötung des Zauberers, weil er an seinen Zuschauerplatz gefesselt bleibt. – *Der Erwählte* (1951), die Ausgestaltung einer mittelalterlichen Legende, ist der kürzeste Roman Thomas Manns. Die *Bekenntnisse des Hochstaplers Felix Krull* (1954) sind Fragment geblieben. Diese moderne Schelmengeschichte ist Thomas Manns heiterstes Werk.

Den Großteil seiner Erzählungen, die zusammen einen Band der Werkausgabe füllen, hat Thomas Mann in seiner ersten Lebenshälfte geschrieben; die bis 1914 entstandenen sind – abgesehen vom *Tod in Venedig*, der als selbstständiger Titel erschien – in vier Sammlungen veröffentlicht worden.

Darunter sind die Erzählungen *Der kleine Herr Friedemann, Der Bajazzo, Wälsungenblut*, die großen Künstlernovellen *Tristan, Tonio Kröger, Der Tod in Venedig* und die Schiller-Studie *Schwere Stunde*, die in den Jahren von 1897 bis 1912 geschrieben wurden. In dieser Lebensepoche stehen für Thomas Mann die Probleme des Künstlertums ganz im Vordergrund. Dabei schöpfte er aus eigenem Erleben. Schon als Junge hat Thomas Mann wie Hanno Buddenbrook unter der Spannung zwischen Bürgerlichkeit und Künstlertum gelitten. Er wuchs in einer Lübecker Kaufmannsfamilie in großbürgerlichen Verhältnissen mit vier Geschwistern auf und begann schon in jungen Jahren zu schreiben. In der autoritären Schule der wilhelminischen Zeit war er als eher verträumtes, sich früh für Literatur interessierendes Kind weder glücklich noch erfolgreich. Er verließ das Gymnasium mit fast 19 Jahren ohne Abitur, nachdem er dreimal sitzen geblieben war. »Die Schulzeit war die Kinderzeit, und also bot sie auch viel Raum für Freude. Aber die Schule war ohne Verdienst daran.« Früh sei ihm, wie er im Rückblick schrieb, bewusst gewesen, »daß die Lehrer meine Erzieher nicht waren, sondern mittlere Beamte, und daß ich meine Erzieher anderswo zu suchen hätte, nämlich in der Sphäre des Geistes und der Dichtung.« (*[Was war uns die Schule?]*, Antwort auf eine Umfrage der Zeitschrift ›Schule und Elternhaus‹, 1930, GW XIII, S. 57)

Die »Fundamente« seiner »geistig-künstlerischen Bildung« sind für Thomas Mann »Schopenhauer, Nietzsche und Wagner« (*Betrachtungen eines Unpolitischen*, 1918, GW XII, S. 71 f.). Der Einfluss dieses »Dreigestirn[s]« (GW XII, S. 72) blieb für ihn zeitlebens bestimmend und ist auch in seinen Erzählungen erkennbar. Seine an Friedrich Nietzsche (1844–1900) geschulte Entlarvungspsychologie und die von Richard Wagner (1813–1883) übernommene Leitmotivtechnik sind Beispiele dafür. Von Arthur Schopenhauer (1788–1860) schließlich habe er »den Moralismus – ein populäreres Wort für dieselbe Sache lautet ›Pessimismus‹ –« seiner »seelischen Grundstimmung« (GW XII, S. 79).

Thomas Mann sah sich in der Tradition Goethes. Es war ihm wichtig, Erzählwerke zu schaffen, in denen wie bei großen Musikwerken jeder Ton sitzt. Er schrieb darum sehr bedächtig und sorgfältig.

Nach dem Ersten Weltkrieg hat er nur noch wenige Erzählungen geschrieben, die alle als Einzelbände veröffentlicht wurden: *Unordnung und frühes Leid. Novelle* (1926), *Mario und der Zauberer. Ein tragisches Reiseerlebnis* (1930), *Die vertauschten Köpfe. Eine indische Legende* (1940), *Das Gesetz* (1944) und *Die Betrogene* (1953).

Nachdem 1891 Thomas Manns Vater, der Senator Thomas Johann Heinrich Mann, im Alter von nur 51 Jahren gestorben und die Getreidefirma nach hundertjährigem Bestehen aufgelöst worden war, zog die Mutter Julia Mann (1851–1923), geborene da Silva-Bruhns, mit den jüngeren Geschwistern Julia (1877–1927), Carla (1881–1910) und Viktor (1890–1949) 1892 nach München. Der ältere Bruder Heinrich (1871–1950) war seit Mitte 1890 als Volontär beim S. Fischer Verlag (damals Berlin, heute Frankfurt am Main), der später zum Hausverlag Thomas Manns wurde. Bis heute ist dessen Gesamtwerk dort verlegt. Thomas Mann besuchte noch zwei Jahre in Lübeck die Schule, bevor er der Mutter nach München folgte. Dort war er zunächst für kurze Zeit als unbezahlter Volontär bei einer Feuerversicherungsgesellschaft tätig. An der Technischen Hochschule München hörte er als Gast literarische, historische und kunsthistorische Vorlesungen. Die während dieser Zeit heimlich geschriebene Erzählung *Gefallen* wurde gedruckt; von da an versuchte Thomas Mann seinen Weg als Schriftsteller zu gehen. Aus dem Verkaufserlös der väterlichen Firma stand ihm ein monatlicher Geldbetrag zur Verfügung, sodass er sich um seinen Lebensunterhalt keine Sorgen machen musste. 1895 verbrachte Thomas mit Heinrich drei Sommermonate in Italien und ein Jahr später, ab Herbst 1896, noch einmal eineinhalb Jahre. Die Brüder hielten sich in Venedig, Neapel, Rom und Palestrina auf. In dieser Zeit spielte Thomas Mann Kunst und Leben gegeneinander aus: Ergebnisse dieser schriftstellerisch produktiven Zeit waren Erzählungen, in denen er das autobiographische Thema des zur Kunst übergelaufenen Bürgers variierte, und die Anfänge der *Buddenbrooks*. Nach der Rückkehr aus Italien war er vorübergehend Lektor und Korrektor der satirischen Zeitschrift *Simplicissimus*.

Mit dem 1901 veröffentlichten Erstlingsroman *Buddenbrooks* kam bald der Erfolg, der frühe Ruhm als Schriftsteller. 1905 heiratete Thomas Mann die intellektuell ebenbürtige und aparte Tochter eines reichen Münchner Mathematikprofessors und kehrte damit in seine Herkunftssphäre zurück. Thomas Mann und seine Frau Katia hatten sechs Kinder: Die eigenwillige Erika (1905–1969) war eine begabte Schauspielerin, in den Dreißigerjahren Chefin des antinationalsozialistischen Kabaretts »Die Pfeffermühle«, erfolgreiche Kinderbuchautorin, in den USA Vortragsrednerin im Kampf gegen das Dritte Reich und zuletzt Beraterin und Privatsekretärin des Vaters, dem sie besonders nahestand. Klaus (1906–1949), der aufgrund seiner – im Gegensatz zum Vater – ausgelebten Homosexualität und seiner Drogenabhängigkeit nie zur Ruhe kam, war ein begabter Schriftsteller, Golo (1909–1994) wurde ein bekannter Historiker. Monika (1910–1992) lebte im Schatten der talentierteren Geschwister. Die beiden jüngsten, Elisabeth (1918–2002) und Michael (1919–1977), waren die realen Vorbilder für die Kinder des Erzählers in *Mario und der Zauberer.* Elisabeth Mann Borgese, das Lieblingskind des Vaters neben den beiden Ältesten, war das einzige weibliche Gründungsmitglied des »Club of Rome« und lebte nach dem Tod ihres Ehemanns als Meeresschützerin und Professorin für Seerecht in Kanada. Michael war erst Musiker und später Literaturwissenschaftler.

Politische Ereignisse haben immer wieder Thomas Manns persönliches Schicksal bestimmt und auf vielfältige Weise auch sein Werk beeinflusst. Politisches Engagement und literarisches Schaffen sind nur schwer trennbar. Folgende Stationen lassen sich ausmachen: Der Erste Weltkrieg, die Jahre als »Vernunftrepublikaner« in der Weimarer Republik, die frühzeitige Opposition zum Nationalsozialismus, die Emigration in die Schweiz und später nach Amerika, seit Oktober 1940 die Rundfunkbotschaften *Deutsche Hörer!*, schließlich die Auseinandersetzung mit dem Antikommunismus des Westens zu Beginn des Kalten Kriegs und die Bedenken gegenüber der ›fragilen Republik‹ Adenauers – all dies zeigt einen Thomas Mann, der immer wieder zwischen der Neigung zum Rückzug in seine eigentliche Sphäre, die der Kunst, und der als moralische Verpflichtung empfundenen politischen Stellungnahme schwankte (vgl. Manfred Görtemaker: *Thomas Mann und die Politik*. Frankfurt am Main: S. Fischer Verlag 2005, S. 8).

Die Zeit verlangte vom Autor Thomas Mann politisches Engagement und ein Infragestellen seiner in jungen Jahren vorwiegend fatalistischen und unpolitischen Weltsicht. Die öffentlichen Stellungnahmen zeigen, dass er sich dem »Zwang zur Politik«, wie er es 1939 einmal nannte, zunehmend beugte.

1933 kehrte Thomas Mann von einer Auslandsreise nicht nach Deutschland zurück, blieb zuerst in der Schweiz und emigrierte 1938 in die USA, wo er an der Universität in Princeton eine Gastprofessur innehatte. Von 1942 bis 1952 lebte er mit seiner Familie in Pacific Palisades in Kalifornien. 1936 distanzierte er sich öffentlich vom Hitler-Regime. Als Antwort bürgerten die Nationalsozialisten den Nobelpreisträger aus. Seine Bücher wurden verbrannt und die Universität Bonn erkannte ihm die Ehrendoktorwürde ab.

Die Jahre im Exil standen politisch im Zeichen des rhetorischen Kampfes gegen Hitler. Seine Rundfunkreden *Deutsche Hörer!*, die während des Zweiten Weltkriegs von 1940 bis 1945 insgesamt 58 Mal von Amerika aus durch die British Broadcasting Corporation (BBC) nach Deutschland übermittelt wurden, verstand Thomas Mann als Dienst an Deutschland. Demokratie, Freiheit, Menschenwürde und Humanität – das sind die Leitmotive, aus denen er seine moralische Argumentation entwickelte. Die Radioreden sind die entschiedensten und kompromisslosesten Äußerungen Thomas Manns zu

Fragen des Zeitgeschehens. Erklärtes Ziel der Botschaften war es, die deutschen Hörer zum Widerstand gegen Hitler und den Nationalsozialismus aufzurufen. Wichtig an den Radioreden ist die Zukunftsschau, die Vision eines neuen friedlichen Deutschland. Mit seiner Radiomission vollzog Mann den Schritt vom Dichter zum Handelnden. Erst im Exil wurde Thomas Mann zum unentwegten Kämpfer gegen Hitler.

1952 kehrte Thomas Mann nach Europa zurück und lebte wieder in der Schweiz. Er kam bis zu seinem Tod im Jahr 1955 in Zürich nur noch als Besucher nach Deutschland, wobei ihm manche Ehrung zuteil wurde, so die Ehrenbürgerwürde seiner Heimatstadt Lübeck.

Thomas Manns Reaktionen auf konkrete zeitgeschichtliche Ereignisse in Essays, Reden, Radiobotschaften und in der Literatur sind immer auch vor dem Hintergrund seiner durch Literatur und Philosophie geprägten Weltsicht zu sehen. Thomas Manns Sicht auf die politische Welt beruht auf geistesgeschichtlichen Konzepten. Der Politologe Kurt Sontheimer bringt das in der Schlusspassage seine Buchs *Thomas Mann und die Deutschen* von 1961 treffend zum Ausdruck, wenn er sagt, dass Thomas Manns politische Äußerungen, so durchdacht sie waren, immer »Beiträge eines geistigen Menschen« blieben. Thomas Mann sah sich selbst als »Dichter [...] als Melde-Instrument, Seismograph« (*Die Entstehung des Doktor Faustus*, 1949, GW XI, S. 240) seiner Zeit.

Thomas Mann wurde von seinen Kindern im Familien- und Freundeskreis »Zauberer« genannt. Auch unterschrieb er Briefe an seine Kinder häufig mit ›Z.‹ für ›Zauberer‹. Seine geheime Verwandtschaft mit dem zwielichtigen Künstler Cipolla deutet Thomas Mann demnach schon im Titel von *Mario und der Zauberer* an, indem er ihm den Beinamen gibt, den er selbst in seiner Familie trug.

2 Zeitgeschichtlicher Hintergrund

Der Italienaufenthalt von Thomas Mann und seiner Familie im Spätsommer 1926, der den Anstoß zur *Mario*-Novelle lieferte, fand ziemlich genau zu der Zeit statt, als sich in Italien unter Benito Mussolini (1883–1945) endgültig eine Einparteiendiktatur etablierte. Diese Diktatur hatte 1922 mit dem ›Marsch auf Rom‹ ihren Anfang genommen. Benito Mussolini war seit 1921 Parteiführer der Faschisten und seit dem 31. Oktober 1922 italienischer Ministerpräsident; am 25. November erhielt er diktatorische Vollmachten. Ein neues Wahlgesetz vom November 1923 trug dazu bei, dass die Faschisten am 6. April 1924 eine Mehrheit von 65 Prozent der Parlamentssitze bekamen. Zehn Jahre später sollten sich diese Vorgänge in Deutschland, mit einigen Abweichungen, wiederholen.

Mussolini gab sich den Beinamen ›Il Duce‹ (der Führer) und brachte damit zum Ausdruck, auch nach Übernahme des Staatsamtes seine Herrschaft als Führer der faschistischen Bewegung ausüben zu wollen. Bereits am 3. Januar 1925 verkündete er eine starke Einschränkung der Pressefreiheit.

> [D]ie faschistische Partei [gewann] allmählich die Oberhand und wurde 1925 als alleiniger Träger der Macht anerkannt. Wie später der Nationalsozialismus, so hielt auch der Faschismus äußerlich an der Verfassung fest, um hinter dieser Fassade um so ungestörter die Diktatur einrichten zu können. Mussolinis Stellung als Regierungschef wurde im Dezember 1925 durch ein gefügiges Parlament anerkannt […]. / Die faschistische Gleichschaltung Italiens durch Mussolini, genau wie die nationalsozialistische unter Hitler, erfaßte nach und nach das gesamte politische, wirtschaftliche und kulturelle Leben. (Zitiert nach: Propyläen Weltgeschichte, Band 9, S. 347)

Benito Mussolini zu Gast bei Adolf Hitler in Deutschland. Aufnahme vom 18. Juni 1940 in München.

Es gab in fast allen Staaten Europas in den Zwanziger- und Dreißigerjahren faschistische Bewegungen. Aber an die Macht kam der Faschismus während der Zwanzigerjahre nur in Italien. Auslöser waren die sozialen und politischen Umwälzungen, die das Ende des Ersten Weltkriegs mit sich brachte, und die damit verbundenen Sorgen der Menschen. Die Anhänger des Faschismus stammten vorwiegend aus dem Mittelstand, waren Handwerker, Kaufleute, Angestellte, Beamte und Bauern, die ihre materielle Existenz und ihren Status durch die voranschreitende Industrialisierung gefährdet sahen.

Das Geschehen in Thomas Manns Novelle entwickelt sich vor dem Hintergrund des italienischen Faschismus. Die sogenannte Faschisierung der Gesellschaft vollzog sich insbesondere durch eine gravierende Einflussnahme im schulischen und kulturellen Bereich. Im April 1926 wurde die ›Opera Nazionale Balilla‹ als Jugendorganisation der Faschistischen

Partei Italiens gegründet, durch die der Faschismus großen Einfluss auf die Erziehung der Kinder und der Jugendlichen gewann. Mussolinis immer unbeschränktere Herrschaftsgewalt entwickelte sich parallel zu dem Kult um seine Person, bei dem er als geistiger und politischer Führer, als Retter der Nation bejubelt wurde (vgl. Mazzetti in BBH-Katalog, S. 100). In Deutschland wurde die Balilla zum Vorbild für die Hitler-Jugend. Es ist gut vorstellbar, dass Thomas Mann beim Schreiben der Novelle Bilder von Kindern oder Jugendlichen der Balilla vor Augen hatte – so etwa bei der Schilderung der Strandszene: Zur Kleidung der faschistischen Jugendorganisation gehörte neben einem schwarzen Hemd und grau-grünen Hosen auch ein himmelblaues Halstuch. In der Erzählung wird Marios Kleidung am Abend der Vorstellung beschrieben: Er trägt ein »geflammtes Seidentuch« (S. 97) um den Hals. Es lässt sich als Zeichen für Marios Willen zu Individualität und Abgrenzung deuten; offenbar will er nicht zu den faschistischen Mitläufern gehören.

In Italien wurde die Veröffentlichung von Thomas Manns Erzählung *Mario und der Zauberer* unter Mussolini verboten. Erst nach 1945 konnte eine Übersetzung erscheinen.

Thomas Mann erlebte mit seiner Familie im Spätsommer 1926 in alltäglichen Situationen und Begegnungen mit Einheimischen, wie sich politische Probleme auf das normale Leben in Italien auswirkten. Bis in Kleinigkeiten des Alltags hinein zeigte sich die unangenehme Atmosphäre des Lebens in einer faschistisch regierten Gesellschaft.

Als nicht unbedeutend für die Entstehung der Novelle erweist sich ein misslungenes Attentat auf Mussolini am 11. September 1926 in Rom, in der Zeit also, als Thomas Mann sich mit seiner Familie in Forte dei Marmi befand. Die aufgereizte Atmosphäre, bei der Parolen der Unter-

> stützung für den akklamierten und geretteten Duce in allen Zeitschriften, aber auch auf den Straßen, besonders laut wurden, wird dem stillen Beobachter […] nicht entgangen sein. (Zitiert nach Mazzetti in BBH-Katalog, S. 111)

Die Urlaubserlebnisse von 1926 hat Thomas Mann 1929 zur *Mario*-Novelle ausgearbeitet. In diesen drei Jahren hatte sich in Deutschland das gesellschaftlich-politische Klima verändert. Die sogenannten Goldenen Zwanziger (die Jahre von 1925 bis 1929) waren anfangs eine ruhige Zeit, in der sich der neue Staat wirtschaftlich sowie außen- und innenpolitisch festigen konnte. Deutschlands Aufnahme in den Völkerbund 1926 als anerkanntes Mitglied der Staatengemeinschaft war ein Erfolg der auf Verständigung gerichteten Politik des Außenministers Gustav Stresemann (von 1923 bis zu seinem Tod 1929). Im harten Winter 1928/29 stieg aber die Zahl der Arbeitslosen auf über zwei Millionen und die Weltwirtschaftskrise ab Oktober 1929 hatte für Deutschland noch katastrophalere Folgen als für die meisten anderen Industriestaaten. Es kam, auch aufgrund der wachsenden Arbeitslosigkeit, zu schweren politischen und sozialen Konflikten. Der politische Kampf verlagerte sich aus dem Parlament auf die Straße.

Bei der Wahl des fünften Reichstags am 14. September 1930 zogen 107 Nationalsozialisten – anstelle der bisherigen zwölf nationalsozialistischen Abgeordneten – in den Reichstag ein. Die NSDAP erhielt 6,4 Millionen Stimmen, das entsprach einem Anteil von 18,3 Prozent. In großen Massen traten die Deutschen nun der Partei bei, die plötzlich zu einem starken politischen Machtfaktor geworden war. Die NSDAP prägte ihre organisatorische Struktur als ›Führerpartei‹ nun noch radikaler als zuvor aus: Die Willensbildung fand im Grunde ohne Mitglieder-Mitwirkung nach dem Schema von Befehl und Gehorsam von oben nach unten statt. Hitlers Stellung wurde getragen von der Glaubensbereitschaft der meisten Mitglieder, die ihre sozialen und politischen Wünsche auf seine Person übertrugen. Die Verehrung Hitlers weitete sich zu einem propagandistisch genutzten Führerkult aus.

Der Nationalsozialismus ist nicht nur aufgrund der Weltwirtschaftskrise an die Macht gekommen; aber er hat sich breiten Rückhalt in der Bevölkerung verschafft, weil ihm im Gegensatz zu den vorangegangenen Regierungen die Beseitigung der Arbeitslosigkeit gelang.

Nach den Reichstagswahlen vom 14. September 1930 mit den gewaltigen Stimmengewinnen der NSDAP wurde erkennbar, dass auch in Deutschland ein diktatorisches Regime wie in Italien in den Bereich des Möglichen rückte. Thomas Mann reagierte am 17. Oktober 1930 mit einer *Deutschen Ansprache, einem Appell an die Vernunft*. Mit dieser Mahnung wollte er dem demokratiekritischen Bürgertum ins Gewissen reden und für den Schulterschluss mit der Sozialdemokratie werben (vgl. ED, S. 63 f., und GW XI, S. 870–890). Die Rede im Berliner Beethovensaal wurde von Nationalsozialisten gestört und die nationalsozialistische Presse hatte ihr Foto: Zu sehen ist ein vom Redner Thomas Mann abgewandtes Publikum, das sich tatsächlich nur nach den (auf dem Foto unsichtbaren) Krawallmachern umschaut. Die politische Krise umschrieb Thomas Mann in seiner Ansprache mit der Metapher der Krankheit: »Nun geht eine neue Welle wirtschaftlicher Krisis über uns hin und wühlt die politischen Leidenschaften auf; […]. Es heißt wohl zuviel verlangen, wenn man von einem wirtschaftlich kranken Volk ein gesundes politisches Denken fordert.« (GW XI, S. 871 f.)

In der Rede warnt Thomas Mann vor dem Nationalsozialismus und bekennt sich zu den politischen Grundlagen der Weimarer Republik mit besonderer Anerkennung der Ver-

Thomas Mann am 17. Oktober 1930 in Berlin während seiner von Nationalsozialisten gestörten »Deutschen Ansprache«.

dienste Gustav Stresemanns. In der jetzigen Lage werde die »spielend leidenschaftliche Vertiefung ins Ewig-Menschliche, die man Kunst nennt«, zur »seelischen Unmöglichkeit«. Es gebe »Stunden, Augenblicke des Gemeinschaftslebens, […] wo der Künstler von innen her nicht weiterkann, weil unmittelbare Notgedanken des Lebens den Kunstgedanken zurückdrängen« (GW XI, S. 871). Den Nationalsozialismus bezeichnet Thomas Mann als »Massen-Gefühls-Überzeugung« (GW XI, S. 876). Er mahnt und fragt: »Ist das deutsch? Ist der Fanatismus, die gliederwerfende Unbesonnenheit, die orgiastische Verleugnung von Vernunft, Menschenwürde, geistiger Haltung in irgendeiner tieferen Seelenschicht des Deutschtums wirklich zu Hause? Dürfen die Verkünder des radikalen Nationalismus sich allzuviel einbilden auf den Stimmungszulauf, den sie gefunden […]?« (GW XI, S. 880) Dieser »radikalistische[n] Ekstase« (GW XI, S. 882) sei eine besonnene Politik entgegenzusetzen: in der Tradition Stresemanns außenpolitisch mit der »friedliche[n] Revision des Versailler Vertrages mit bewußter Zustimmung Frankreichs und ein[em] deutsch-französische[n] Bündnis als Fundament des friedlichen Aufbaus Europas« (GW XI, S. 888). Innenpolitisch sehe er »de[n] politische[n] Platz des deutschen Bürgertums heute an der Seite der Sozialdemokratie« (GW XI, S. 889), um gemeinsam eine Atmosphäre zu schaffen, »in der bürgerliche Glücksansprüche wie Freiheit, Geistigkeit, Kultur überhaupt noch Lebensmöglichkeit besitzen« (GW XI, S. 890).

3 Entstehungsgeschichte

Thomas Mann äußerte sich in Briefen und anderen Selbstzeugnissen zur Entstehungsgeschichte seiner Novelle *Mario und der Zauberer.* Er beantwortete auch mehrfach Fragen zum Entstehungsprozess und zum autobiographischen Hintergrund der Erzählung. Die Dokumentationslage ist damit recht reichhaltig.

Den größten Teil der Erzählung schrieb Thomas Mann im August 1929 während eines Sommerurlaubs mit seiner Frau Katia und den beiden jüngsten Kindern Elisabeth und Michael im Ostseebadeort Rauschen in Ostpreußen (das heutige Swetlogorsk, Russland). Nach der Rückkehr stellte er die Erzählung in München fertig. In dem Anfang 1930 verfassten *Lebensabriß* erfährt der Leser von Thomas Mann Näheres zur Entstehung der Erzählung. Er arbeitete im Spätsommer 1929 am ersten Band des vierteiligen Romans *Joseph und seine Brüder,* an den *Geschichten Jaakobs,* unterbrach diese Arbeit aber für die Zeit des Urlaubs, da die Mitnahme des umfangreichen Materials zu umständlich gewesen wäre:

> Einmütig gewöhnt, keinen Sommer ohne einen Aufenthalt am Meere vorübergehen zu lassen, verbrachten wir, meine

Thomas Mann, am Strand des Ostseebades Rauschen an »Mario und der Zauberer« arbeitend (Sommer 1929).

Frau und ich, mit den jüngsten Kindern im Jahre 1929 den August in dem samländischen Ostseebad Rauschen [...]. Auf dieser bequemen, aber weitläufigen Reise das angeschwollene Material, das unabgeschriebene Manuskript des ›Joseph‹ mitzuschleppen, empfahl sich nicht sehr. Da ich mich aber auf beschäftigungslose ›Erholung‹ durchaus nicht verstehe und eher Nachteil als Nutzen davon erfahre, beschloß ich, meine Vormittage mit der leichten Ausführung einer Anekdote zu füllen, deren Idee auf eine frühere Ferienreise, einen Aufenthalt in Forte dei Marmi bei Viareggio und dort empfangene Eindrücke zurückging: mit einer Arbeit also, zu der es keines Apparates bedurfte und die im bequemsten Sinn des Wortes ›aus der Luft gegriffen‹ werden konnte. Ich begann, die gewohnten Frühstunden hindurch auf meinem Zimmer zu schreiben, aber die Beunruhigung, die das Versäumnis des Meeres mir er-

> regte, schien meiner Tätigkeit wenig zuträglich. Ich glaubte nicht, daß ich im Freien arbeiten könnte. Ich muß ein Dach dabei über dem Kopf haben, damit der Gedanke nicht träumerisch evaporiert [verdunstet]. Das Dilemma war schwer. [...] Ich ließ mich bereden, meine Schreiberei an den Strand zu verlegen. Ich rückte den Sitzkorb nah an den Saum des Wassers, das voll von Badenden war, und so, auf den Knien kritzelnd, den offenen Horizont vor Augen, [...] ließ ich es geschehen, daß mir aus der Anekdote die Fabel, aus lockerer Mitteilsamkeit die geistige Erzählung, aus dem Privaten das Ethisch-Symbolische unversehens erwuchs, – während immerfort ein glückliches Staunen darüber mich erfüllte, wie doch das Meer jede menschliche Störung zu absorbieren und in seine geliebte Ungeheuerlichkeit aufzulösen vermag. (GW XI, S. 139 f.)

Diese Äußerung Thomas Manns belegt auch die Leichtigkeit, die für die Arbeit an der *Mario*-Novelle charakteristisch war, während Thomas Mann im Allgemeinen sehr langsam schrieb, um jederzeit die künstlerische Kontrolle zu behalten.

Kurz nach der Fertigstellung der Erzählung wurde Thomas Mann am 12. November 1929 der Nobelpreis für Literatur zuerkannt. Noch vor der Preisverleihung, die am 10. Dezember in Stockholm stattfand, trug er am 16. November in München aus Anlass des Nobelpreises zum ersten Mal öffentlich aus *Mario und der Zauberer* vor.

Die Erzählung erschien zuerst unter dem Titel *Tragisches Reiseerlebnis. Novelle von Thomas Mann* in *Velhagen & Klasings Monatsheften* (44. Jahrgang, April 1930, 8. Heft, S. 113–136) und ebenfalls noch im April 1930 auch als Buch unter dem Titel

Vorderseite der ersten Buchausgabe von »Mario und der Zauberer« (1930) mit einer Zeichnung von Hans Meid (1883 bis 1957).

Mario und der Zauberer. Ein tragisches Reiseerlebnis in Thomas Manns Hausverlag S. Fischer. Diese erste Buchausgabe war mit einer Umschlagzeichnung und dreizehn Illustrationen im Innenteil von Hans Meid versehen.

Erhalten hat sich nur eine einzige Seite des Originalmanuskripts. Sie befindet sich im Thomas-Mann-Archiv der ETH Zürich.

In der Vorlesung *On myself* (1940) für amerikanische Studenten erzählte Thomas Mann wie schon in seinem *Lebensabriß* (1930) die Entstehungsgeschichte des *Mario*; er ergänzte sie dort um eine kurze Beurteilung früher Rezeptionszeugnisse:

> Und so entstand die Erzählung ›Mario und der Zauberer‹, die den Untertitel »Ein tragisches Reiseerlebnis« trägt; die Geschichte von dem Hypnotiseur, den sein Opfer zuletzt

Der Zauberer Cipolla. Federzeichnung von Hans Meid.

erschießt. Die politisch-moralistische Anspielung, in Worten nirgends ausgesprochen, wurde damals in Deutschland, lange vor 1933, recht wohl verstanden: mit Sympathie oder Ärger verstanden, die Warnung vor der Vergewaltigung durch das diktatorische Wesen, die in der menschlichen Befreiungskatastrophe des Schlusses überwunden und zunichte wird. (GW XIII, S. 166 f.)

II Inhaltsangabe

Thomas Mann hat seine Erzählung *Mario und der Zauberer* nicht in Kapitel unterteilt. Der Inhalt lässt aber eine klare Zweiteilung erkennen.

Der Ich-Erzähler erinnert sich an einen Ferienaufenthalt mit seiner Frau und ihren beiden Kindern in einem italienischen Badeort. In der Rückschau erzählt er als Beteiligter und als Kommentator, was er und seine Familie in diesen Ferien erlebt haben. Der Leser wird durch gelegentliche Anreden in die Erzählung einbezogen.

Exposition (S. 9)

In einer Exposition erfährt der Leser sogleich von der unangenehmen Atmosphäre im Urlaubsort, die den Ferienaufenthalt überschattet. Ebenso wird er darauf vorbereitet, dass sich am Ende etwas Schreckliches ereignen wird, das im Zusammenhang mit der Person Cipollas steht. So baut sich von Anfang an Spannung auf. Der Erzähler bedauert, dass die Kinder das schlimme Ende leider miterleben mussten; allerdings hätten sie glücklicherweise alles für Theater gehalten.

Teil I: Hotel- und Strandepisoden (S. 9–32)

Der italienische Ferienort Torre di Venere (S. 9–12)

Auf die Einleitung folgt eine detaillierte Beschreibung des Orts des Geschehens: Torre di Venere (ital. Venusturm), ein Badeort am Tyrrhenischen Meer, liegt in der Nähe des größeren, sehr beliebten, aber auch von Feriengästen stark überlaufenen Portoclemente. Ursprünglich ein Geheimtipp für Ruhe und unberührte Natur suchende Urlauber, angenehmer und preisgünstiger als der Nachbarort, erfreut sich Torre di Venere steigender Beliebtheit bei italienischen und ausländischen Urlaubsgästen, sodass der Unterschied zwischen beiden Badeorten in der Wahrnehmung des Erzählers gar nicht mehr so groß ist. Das gilt besonders für die Hauptreisezeit. Hier wie dort ist der Strand im Juli und August übervölkert von lauten, badenden Menschen mit Sonnenbrand.

Ankunft der Familie in Torre di Venere (S. 12 f.)
Als der Erzähler und seine Familie im August in Torre eintreffen, stellt sich bei ihnen rasch das Gefühl ein, zu früh gekommen zu sein. Es ist noch italienische Hochsaison und der Ort mit vielen einheimischen Urlaubern überfüllt. So herrscht zum Beispiel großer Andrang in den Cafés der Strandpromenade, etwa im »Esquisito«, das die Familie während ihres Ferienaufenthalts ab und an besucht und in dem sie von dem jungen Kellner Mario bedient wird. Der Erzähler rät, lieber erst im September oder aber schon im Mai nach Torre zu reisen; dann gehe es ruhiger und »weniger national« (S. 13) zu und man komme sich weniger als Gast zweiter Klasse vor.

Unerfreuliche Erlebnisse im Grand Hôtel (S. 13–17)
Die Familie hat Zimmer im Grand Hôtel bezogen und erlebt am Ankunftsabend eine Enttäuschung, weil es ihr verwehrt wird, das Abendessen statt im Speisesaal auf der Veranda mit Blick auf Promenade und Meer einzunehmen. Als Begründung für diese Ungastlichkeit dient der Hinweis, die Veranda sei der Kundschaft des Hotels vorbehalten; unausgesprochen sind damit aber nur die italienischen Hotelgäste gemeint. Bald danach kommt es zu einem Konflikt mit der Leitung des Hotels: Eine römische Fürstin fürchtet – aufgeschreckt von einem nächtlichen leichten Husten des Sohns des Erzählers, Nachklang eines überstandenen Keuchhustens – eine Ansteckung ihrer Kinder und verlangt den Umzug der Familie in

Ankunft der deutschen Familie Fuhrman auf dem Bahnhof von Torre di Venere in Klaus Maria Brandauers Spielfilm (1994).

ein Nebengebäude. Obwohl ein Arzt bescheinigt, dass keine Ansteckungsgefahr besteht, beharrt die beflissene, ihrer bevorzugten Kundschaft alles recht machen wollende Hotelleitung auf dem Zimmerwechsel. Daraufhin verlässt der empörte Erzähler mit seiner Familie das Grand Hôtel.

Neue Unterkunft in der Pension Eleonora (S. 17–20)

Die Familie bezieht Quartier bei Signora Angiolieri und ihrem Mann in ihrer Privatpension Eleonora. Der Pensionsname spielt auf die Vergangenheit der Pensionswirtin an, die früher, vor ihrer Heirat, Gesellschafterin der Schauspielerin Eleonora Duse gewesen ist. In der Pension ist alles zur Zufriedenheit und doch will keine echte Ferienstimmung aufkommen.

Am Strand: Hitze und ungute Atmosphäre (S. 20–25)

Auch am Strand, überfüllt von Feriengästen, von denen die meisten zur italienischen Mittelklasse gehören, fühlt sich die

Familie nicht wirklich wohl. Ein Grund für das Unbehagen ist die große, kaum erträgliche Hitze. Auch sonst gibt es manches Unerfreuliche: Ein abscheuerregender, boshafter zwölfjähriger Junge sorgt für Aufregung am Strand, als er, von einem Taschenkrebs in den Zeh gekniffen, so ohrenbetäubend schreit, dass die Menschen am Strand glauben, es habe sich ein schlimmes Unglück ereignet. Wie ein Schwerverletzter wird der Junge auf einer Art Trage vom Strand weggebracht, um schon am nächsten Tag wieder die Sandburgen anderer Kinder zu zertreten.

Mehr noch als die Hitze ist es die ungesunde öffentliche Atmosphäre, die einem unbeschwerten Urlaub entgegensteht. »Man verstand bald, daß Politisches umging, die Idee der Nation im Spiele war.« (S. 24) Die Erzählerkinder werden beim Spielen von italienischen Kindern zurückgewiesen, die sich merkwürdig patriotisch verhalten. Erwachsene greifen ein, jedoch mehr die ausländischen Kinder maßregelnd als neutral schlichtend. Die Kinder des Erzählers sind enttäuscht und verstehen nicht, was vor sich geht. Ihr Vater versucht ihnen die Lage als eine Art »Krankheit« (S. 25) zu erklären, die die Leute durchzumachen hätten.

Empörte Reaktion der italienischen Badegäste auf die Nacktheit der kleinen Tochter des Erzählers (S. 25–29)

Die achtjährige Tochter des Erzählers läuft mit Zustimmung der Eltern einige Meter unbekleidet zum Meer, um den Sand aus ihrem Badeanzug zu waschen. Mit dem Anzug in der Hand kommt sie wieder zurück. Die kurzfristige Nacktheit des Mädchens löst eine Welle der Empörung unter den italienischen Badegästen aus. Ein fein gekleideter Herr mit Melonenhut macht sich zu ihrem Sprecher und wirft der Familie eine Verletzung der öffentlichen Moral vor, die einer Missachtung der italienischen Gastfreundschaft gleichkomme. Der

Erzähler versucht zu beschwichtigen, muss aber dennoch einem Behördenvertreter, der telefonisch an den Strand gerufen worden ist, mit seiner Familie ins Rathaus folgen. Dort wiederholt ein höherer Beamter dieselben Redensarten und ordnet ein Bußgeld an, das vom Erzähler sofort bezahlt wird.

Der versäumte Entschluss zur Abreise (S. 29–32)

Angesichts all dieser Unannehmlichkeiten stellt sich für den Erzähler die Frage, warum sie nicht abgereist seien. Zur eigenen Rechtfertigung nennt er einige Gründe, die ihn zum Bleiben bewegt haben: Neben einer gewissen Trägheit führt er die moralische Unterstützung an, die ihm und seiner Familie in der Pension Eleonora zuteilgeworden sei, auch vonseiten einheimischer Gäste. Als weitere Motivation nennt er eine Anziehung durch »Merkwürdigkeit«, die »ja in sich selbst einen Wert bedeutet, unabhängig von Behagen und Unbehagen« (S. 30). Außerdem setzt die Nachsaison ein, viele italienische Feriengäste reisen ab, darunter auch der strenge Herr vom Strand. Ort und Strand werden ruhiger und angenehmer. Doch nun schlägt das Wetter um, es wird schwül und regnerisch. Zwei Drittel, 18 Tage, der Ferienzeit sind bereits vorüber.

Teil II: Die Zaubervorstellung (S. 32–107)

Ankündigung des Zauberkünstlers Cipolla, Veranstaltungssaal und Publikum (S. 32–38)

Zu dieser Zeit kündigt sich auf Plakaten der Cavaliere (ital. Ritter) Cipolla an, ein Zauberkünstler. Die Kinder sind begeistert und drängen darauf, die Zaubervorstellung zu besuchen; auch den Eltern steht der Sinn nach ein wenig Abwechslung. Trotz anfänglicher Bedenken wegen der späten Anfangszeit von 21 Uhr kaufen sie vier Eintrittskarten bei Signora Angiolieri, die über ein Karten-Kontingent für ihre Gäste verfügt.

Die Familie macht sich am Abend der Veranstaltung in der Dunkelheit auf den kurzen Weg zum Ort der Zaubervorführung, einem Saalbau, der zur Hochsaison auch einmal wöchentlich als Kino dient. Er liegt im volkstümlichen und ärmlicheren Ortsteil von Torre di Venere und ist im Grunde nicht viel mehr als eine großräumige »Bretterbude« (S. 34). Das Publikum ist bunt gemischt. Die Stehplätze sind beim Eintreffen der Familie schon ganz gefüllt. Unter den dort Anwesenden entdecken die aufgekratzten und erwartungsfrohen Kinder zu ihrer Freude viele Bekannte, darunter Fischer, die sie namentlich kennen, Bootsvermieter und auch den Kellner Mario. Aber während die Fischer auf das Winken und Rufen der Kinder mit einem freundlichen Nicken und Lachen antworten, bemerkt Mario, der weit vorn steht, die Familie nicht. Der Saal füllt sich immer mehr. Gäste des Grand Hôtels, der Pension Eleonora und anderer Häuser nehmen zusammen mit den wohlhabenderen Einheimischen die Sitzplätze ein. Der Zauberkünstler lässt lange, fast eine halbe Stunde, auf sich warten. Das bis dahin sehr geduldige Publikum beginnt auffordernd zu klatschen.

Auf einen Gongschlag öffnet sich der Vorhang und die Zuschauer können die Bühne sehen, die mit ihrer Tafel eher an ein Schulzimmer erinnert als an die Wirkungsstätte eines Zauberers. Weiter hinten befindet sich ein rundes Tischchen, auf dem neben einer Wasserflasche mit Glas auch eine Flasche Kognak und ein Likörglas stehen.

Auftritt und Aussehen Cipollas (S. 38–42)

Cipollas Alter ist schwer einzuschätzen. Auf jeden Fall ist er nicht mehr jung. Sein Äußeres wirkt wenig attraktiv und wenig sympathisch. Er hat scharfe Gesichtszüge, einen stechenden Blick und eine verwachsene Figur. Gekleidet in einen schlecht sitzenden Anzug und einen weiten Mantel mit Samtkragen, tritt er vor sein Publikum. Außerdem trägt er, wie es zu einem klassischen Zaubererkostüm gehört, einen weißen Schal, Handschuhe und einen Zylinder auf dem Kopf. Für den Erzähler verkörpert Cipolla den im 18. Jahrhundert verbreiteten »Typus des Scharlatans, des marktschreierischen Possenreißers« (S. 39). Jedoch ist sofort klar, dass ihm nichts ferner liegt als Scherzhaftigkeit. Vielmehr strahlt er neben einem zuweilen gereizten Stolz auch eine Art von Würde und Selbstzufriedenheit aus, was der Erzähler als Kompensierungsversuch der körperlichen Behinderung auffasst. Zu seinen Requisiten gehören neben der Kognakflasche, aus der er sich reichlich bedienen wird, billige Zigaretten, die er in einem fort raucht, und insbesondere eine Reitpeitsche mit Klauengriff, die über seinem linken Unterarm an einer Schlinge aus Leder hängt. Unter seinem Gehrock trägt er eine bunte Schärpe, die zum Teil von seiner Weste verhüllt wird. Cipolla und sein Publikum betrachten sich gegenseitig ganz genau.

Erste Demonstration von Cipollas Macht (S. 42–49)

Bisher hat Cipolla noch kein Wort gesagt. Er steht nur rauchend auf der Bühne. Dieses Verhalten verleitet einen jungen gutaussehenden Mann aus dem Publikum dazu, Cipolla provozierend zu begrüßen. Cipolla nimmt das zum Anlass, an dem »Giovanotto« sein erstes ›Kunststück‹ vorzuführen. Gegen dessen erklärten Willen bringt er ihn mit einem Knallen seiner Reitpeitsche dazu, dem Publikum die Zunge herauszustrecken. Die Kinder des Erzählers lachen und haben ihren Spaß. Ihren Eltern aber wird rasch bewusst, dass sie mit Cipolla wohl keinen harmlosen Zauberkünstler und Taschenspieler vor sich haben.

Cipolla stellt sich den Zuschauern nun vor und legt besonderen Wert auf die Feststellung, dass er einen schweren Beruf habe und trotz seiner körperlichen Beeinträchtigung sein

Leben mit der Kraft seiner Psyche gut bewältige. Er spart nicht mit Eigenlob: Mit seiner Arbeit habe er die Aufmerksamkeit der gebildeten Gesellschaft sowie wohlwollende Beachtung in der Presse gefunden; und bei einer seiner Abendveranstaltungen sei sogar der Bruder des Duce (Mussolini) unter den Zuschauern gewesen. Immer wieder wird der Giovanotto, den er kurzerhand zum Frauenhelden erklärt, zur Zielscheibe seines Spottes. Für das Empfinden des Erzählers rückt die Überempfindlichkeit Cipollas und sein ständiges Sticheln gegen den attraktiven jungen Mann sein zur Schau getragenes übersteigertes Selbstbewusstsein in ein trübes Licht.

Cipollas Redekunst und seine Buckligkeit (S. 49–51)
Cipolla hat noch nichts geleistet, imponiert dem Publikum aber schon allein durch seine Rhetorik. Der Erzähler erläutert, die Redekunst werde hier mehr geschätzt als im Norden. Sprachliches Können sorge für Ansehen, während sprachliche Schludrigkeit verachtet werde. Der Zauberer ist den Zuschauern unsympathisch, aber seine Redekunst erfährt Anerkennung. Als Cipolla seinen Mantel ablegt, kommt seine körperliche Beeinträchtigung deutlich zum Vorschein. Er hat einen Buckel, aber nicht im Schulterbereich, sondern tiefer sitzend, »eine Art Hüft- und Gesäßbuckel« (S. 51), der ihn beim Gehen nicht hindert, aber sonderbar ausladend und grotesk wirkt. Cipolla spricht sein Gebrechen an und die Zuschauer reagieren feinfühlig und vermeiden jede taktlose Bemerkung.

Beginn der Vorführungen (S. 51–55)
Cipolla beginnt sein Programm mit Zahlenspielereien und Rechenübungen. Dabei redet er ohne Pause. Für keinen Moment lässt er die Kommunikation mit dem Publikum abbrechen. Die räumliche Trennung zwischen Bühne und Zuschauerraum hebt er auf, indem er Personen auf die Bühne bittet

und selbst die zum Podium führenden Stufen hinuntergeht und den persönlichen Kontakt mit den Zuschauern sucht, wobei es gleich wieder zu kleineren Reibereien kommt. Zur Durchführung der arithmetischen Übung nötigt er zwei Burschen aus dem Volk auf das Podium. Die Vornehmen unter seinen Zuschauern lässt er unbehelligt. Als die beiden Jungen Zahlen auf die Tafel schreiben sollen, erklären sie, nicht schreiben zu können. Ob das wirklich stimmt oder ob sie Cipolla nur provozieren wollen, bleibt offen. Dieser aber reagiert mit Verachtung und Eiseskälte und verhöhnt mit den beiden ungebildeten Burschen gleich den ganzen Ort Torre di Venere als letzten Winkel des »Vaterlandes«, »in den die Unkenntnis der Elementarwissenschaften sich geflüchtet hat« (S. 55).

Zweites Intermezzo mit dem Giovanotto (S. 55–61)
Cipollas arrogantes Verhalten bringt den Giovanotto erneut dazu, das Wort gegen ihn zu erheben. Vehement und rhetorisch geschickt, wie der Erzähler anerkennend feststellt, verteidigt er seine Heimatstadt und seine Freunde und verwahrt sich gegen ihre Beleidigung durch den Zauberer. Daraufhin bestraft ihn Cipolla, indem er ihn hypnotisiert und sich in einer vermeintlichen Kolik krümmen lässt. Als er wieder aufrecht steht und zu sich kommt, applaudiert das Publikum, als hätten beide Beteiligte eine gelungene schauspielerische Leistung dargeboten. Der Erzähler fragt sich, inwieweit die Zuschauer wohl wissen, was hier wirklich vor sich geht.

Arithmetische Zauberei und weitere Tricks (S. 61–66)
Cipolla beginnt nun, seine angekündigten mathematischen Zaubereien vorzuführen. Schnell findet sich ein junger Mann, der bereitwillig und geschickt die vom Zauberer diktierten Zahlen auf die Tafel schreibt. Die Ziffern stammen von den Zuschauern, die Cipolla, seiner Aufforderung folgend, Zahlen

ihrer Wahl nennen. Manche entscheiden sich für geschichtsträchtige Daten, die von Cipolla auf patriotische Weise kommentiert werden. Der Zauberer lässt die Zahlen auf der Tafel von den Zuschauern addieren und hebt dann ein zuvor an der Tafel befestigtes Papier an. Und wirklich: Die Zahl auf der Tafel stimmt mit der errechneten Summe überein. Das Publikum staunt und applaudiert. Der Erzähler hat seine Zweifel, ob bei der Nennung der Zahlen wirklich alles mit rechten Dingen zugegangen ist. Auch fühlt er sich angesichts des allseits zur Schau getragenen Patriotismus zunehmend unwohl.

Cipolla führt unter Einbeziehung des Publikums weitere Zahlentricks vor und schmeichelt den Versuchspersonen auf eine heuchlerische Art, die vom Erzähler als entwürdigend für die Betroffenen empfunden wird. Er spürt, dass der Zauberer sich nicht beliebt macht; und schon die leisesten Anzeichen von Unwillen im Publikum werden von Cipolla im Keim erstickt. Ein Mittel, um die »Revolte im Unterirdischen« (S. 66) zu halten, ist seine Reitpeitsche, die er beim geringsten Widerstand durch die Luft pfeifen lässt.

Ein vergeblicher Versuch der Auflehnung (S. 66–69)

Von den Zahlentricks geht Cipolla zu Kartentricks über. Dabei benutzt er zwei Kartenspiele. Er zieht aus dem einen verdeckt drei Karten und versteckt diese in seinem Gehrock. Dann soll die Versuchsperson aus dem zweiten Spiel genau diese Karten wählen. Meist funktioniert der Trick. Das Publikum spendet bereitwillig Beifall. Ein junger Italiener mit stolzem Gesicht aber will beweisen, dass er jeglicher Beeinflussung Cipollas widerstehen kann. Cipolla belehrt ihn vor dem Versuch mit folgenden Worten: »[D]ie Willensfreiheit existiert nicht, denn ein Wille, der sich auf seine Freiheit richtet, stößt ins Leere.« (S. 67) Und tatsächlich schafft es der junge Mann nicht, zu widerstehen. Der Trick gelingt auch bei ihm. Der

Erzähler hört im Publikum mehrfach die anerkennenden Worte »Lavora bene!« (S. 68; »Er arbeitet gut!«) Nach diesem Erfolg greift Cipolla wie so oft zum Kognak, den er offensichtlich ebenso wie die Zigaretten zur Stärkung braucht.

Rollentausch Cipollas mit dem Publikum (S. 69–72)
Nun folgen Proben von Gedankenübertragung, an deren genaue Reihenfolge der Erzähler sich nicht mehr erinnert. Es geht dabei zum Beispiel um das Auffinden versteckter Dinge. Es gelingt Cipolla, im Publikum zuvor heimlich vereinbarte Aktionen zu erraten und richtig auszuführen. Diese Kunststücke bieten, wie der Erzähler etwas abwertend bemerkt, »Einblicke in den zweideutig-unsauberen und unentwirrbaren Charakter des Okkulten« (S. 69). Cipolla spricht unentwegt, wobei er seine Rolle und die seines Publikums kommentiert. Es entsteht der Eindruck eines Rollentauschs. Der Zauberer betont, er empfange nun unter Ausschaltung seines eigenen Willens den gemeinschaftlichen Publikumswillen, den er gehorsam ausführe. Zugleich stellt er nachdrücklich fest, Befehlen und Gehorchen gehörten untrennbar zusammen. Wer zu dem einem fähig sei, könne ebenso gut das andere. Nach dem gleichen Prinzip funktioniere das Zusammenspiel von »Volk und Führer« (S. 71). Besonders betont Cipolla aber, wie schwer er selbst es habe. Die größte Leistung sei zweifellos seine, die »des Führers und Veranstalters, in welchem der Wille Gehorsam, der Gehorsam Wille werde« (S. 71).

Signora Angiolieris Vergangenheit (S. 72–75)
Beim nächsten Kunststück steht die Pensionswirtin Signora Angiolieri im Mittelpunkt. Es gelingt dem Zauberer, wahre Aussagen zu ihrer Vergangenheit zu machen: Sie sei früher die Gesellschafterin und Freundin der berühmten italienischen Schauspielerin Eleonora Duse gewesen. Signora An-

giolieri ist zutiefst ergriffen und Cipolla bekommt frenetischen Beifall vom Publikum. Allein der Erzähler hat seine Zweifel und glaubt, Cipolla könne im Vorfeld seiner Vorstellung an diese Information gekommen sein.

Pause und versäumter Aufbruch (S. 76–79)

Die Vorstellung wird nun durch eine Pause unterbrochen und Cipolla zieht sich zurück. Der Erzähler und seine Frau wecken ihre beiden Kinder auf, die auf den Schößen der Eltern eingeschlafen waren, und versuchen sie zum Verlassen der abendlichen Veranstaltung zu bewegen. Die beiden möchten aber auf jeden Fall wissen, wie es weitergeht, und betteln, doch wenigstens abzuwarten, womit der Zauberer nach der Pause anfangen werde. Die Eltern geben nach, aber mit der festen Absicht, nur noch kurze Zeit zu bleiben. Der Erzähler versucht, sich und dem Leser Rechenschaft über diese zweifelhafte Nachgiebigkeit abzulegen. Er gesteht sich ein, dass es vor allem eine von gemischten Gefühlen begleitete Anziehung und der Reiz des Merkwürdigen waren, die sie zum Bleiben verleiteten. Der Erzähler hat den Eindruck, als bilde der Saal, die Wirkungsstätte des Zauberers, »den Sammelpunkt aller Merkwürdigkeit, Nichtgeheuerlichkeit und Gespanntheit« (S. 78) des ganzen Ferienaufenthalts. Die Kinder sind wieder munter und scherzen mit ihren italienischen Bekannten, unter ihnen Mario. Ihm rufen sie auf Italienisch eine Bestellung zu und Mario geht auf den Spaß ein, indem er ihnen mit »Subito!« antwortet. So vergeht die etwa 20-minütige Pause.

Hypnosevorführungen Cipollas (S. 79–84)

Die Kleinen freuen sich auf den Fortgang des Zauberabends. Bevor der Erzähler nun damit beginnt, die Darbietungen der zweiten Hälfte des Abends zu schildern, fasst er sein Urteil über den Zauberkünstler zusammen: Cipolla sei »der stärkste

Hypnotiseur« (S. 80) gewesen, den er je erlebt habe. Die »Demonstration der Willensentziehung und -aufnötigung« (S. 80) erweist sich nun als der wahre Charakter der Vorführung. So versetzt Cipolla einen besonders empfänglichen jungen Mann in Tiefschlaf und damit in eine Art von Muskelstarre, sodass er sich von Cipolla wie ein Brett mit dem Nacken und den Füßen auf die Lehnen zweier Stühle legen lässt. Als Krönung dieser Vorführung setzt sich Cipolla auf den Hypnotisierten. Dieser Anblick weckt das Mitleid der Zuschauer für die Versuchsperson. Der Zauberer erklärt jedoch, *er* sei derjenige, der all dies zu erleiden habe. Ein militärisch aussehender Herr, ein Oberst, kann unter Cipollas hypnotischem Einfluss plötzlich nicht mehr seinen Arm heben.

Cipolla hypnotisiert Signora Angiolieri (S. 84–87)
Für seine nächste Vorführung wählt Cipolla wieder Signora Angiolieri aus, wohl wissend, dass sie eine besonders empfängliche Versuchsperson ist. Er bringt sie dazu, ihm willenlos durch den Saal zu folgen. Sie sieht dabei aus, als würde sie schlafwandeln. Ihren Mann, der sie, übrigens auf Weisung Cipollas, mehrfach bei ihrem Vornamen Sofronia ruft, nimmt sie gar nicht mehr wahr. Als sie die Ausgangstür erreicht hat und ihr Mann erschreckt aufspringt, bricht Cipolla den Versuch ab und führt die wieder zu sich Kommende zu ihrem Mann zurück, nicht ohne ihn dabei subtil zu demütigen.

Der wilde Tanz; erneut der junge Römer (S. 87–92)
Die Hypnose Signora Angiolieris verschafft Cipolla noch mehr Autorität. Es gelingt ihm, ausgewählte Zuschauer im wahrsten Sinne des Wortes tanzen zu lassen. Bald stehen drei junge Männer »Step« (S. 89) tanzend auf der Bühne. Dann wagt der junge Herr aus Rom, der schon einmal daran gescheitert ist, Cipollas Hypnose zu widerstehen, einen zweiten

Versuch. Er fordert Cipolla heraus, ihn gegen seinen Willen zum Tanzen zu veranlassen. Zwar dauert es eine Weile, aber dann hat der Zauberer den Widerstand des jungen Römers gebrochen: Er tanzt, nachdem er zunächst nur ein wenig gezuckt hat, nun wie entfesselt und lässt sich ohne Weiteres vom Zauberer seinen Platz in der Reihe der anderen Tänzer zuweisen. Der Erzähler sucht nach vernünftigen Gründen für diesen Vorgang und vermutet, dass bloßes Nichtwollen sich nicht dauerhaft behaupten könne. Er merkt an, dass der Gesichtsausdruck des Mannes den Eindruck erwecke, als fühle er sich nun wohler als bei seiner Willensanstrengung zuvor.

Stimmung im Veranstaltungssaal (S. 92–94)
Cipollas Macht über sein Publikum erreicht mit dem Sieg über den jungen Römer ihren Gipfelpunkt. Auf der Bühne tanzen inzwischen etwa acht oder zehn Menschen. Der Zauberer sitzt in lockerer Haltung auf der Bühne. Es ist mittlerweile weit nach Mitternacht und die Kinder sind wieder wach, nachdem sie vorher einige Male für ein Viertelstündchen eingeschlafen waren. Der Erzähler bedauert, dass er und seine Frau sie noch nicht weggebracht haben.

Der Zauberer winkt Mario zu sich (S. 94–97)
Die Kinder springen vor Freude von ihren Stühlen hoch, als sie sehen, dass Cipolla ihren Freund Mario mit lockenden Bewegungen zu sich winkt, ähnlich der Hexe in Märchenbuchillustrationen, die Hänsel und Gretel lockt.

Und Mario steigt, nach einem Moment des Zögerns, gehorsam auf die Bühne hoch. Jetzt erst wird er detailliert beschrieben. Er ist ein Junge von zwanzig Jahren, nicht unbedingt gutaussehend mit seiner niedrigen Stirn und eingedrückten Nase sowie seinen wulstigen Lippen und zu schweren Lidern über grauen Augen mit grünen und gelben Einsprengseln.

Aber mehr als das Äußere betont der Erzähler die melancholische Ausstrahlung, die den Jungen umgibt, seine Zurückhaltung und träumerische Art, die er bei seiner Arbeit als Kellner durch besondere Geschicklichkeit mit seinen schönen schmalen Händen ausgleicht, sein Wesen ohne aufgesetzte und einschmeichelnde Freundlichkeit. Nur den Kindern gelingt es, ihm ab und an ein Lächeln zu entlocken. All dies hat die Erzählerfamilie für Mario eingenommen. Über seine Familie ist nur bekannt, dass der Vater ein kleiner Stadtbediensteter und die Mutter Wäscherin ist. – Auf der Bühne lässt Cipolla Mario ganz nah an sich herantreten und sorgt dann dafür, dass die Zuschauer Mario ins Gesicht sehen können.

Cipolla horcht Mario aus (S. 97–102)

Cipolla fragt Mario nach seinem Vornamen und schmeichelt ihm, indem er voraussetzt, dass er von den Mädchen umschwärmt werde, woraufhin der Giovanotto spöttisch lacht. Cipolla befragt Mario dann zu seinem Beruf und bezeichnet ihn zweideutig und ironisch als Ganymed. Auf Cipollas in den Raum gestellte Behauptung, Mario habe Kummer, ja Liebeskummer, reagiert der junge Kellner mit einer verneinenden Kopfbewegung und der Giovanotto lässt wieder sein höhnisches Lachen hören. Mario möchte von der Bühne flüchten, wird aber von Cipolla daran gehindert. Dann kommt diesem durch den Giovanotto, der ein Rivale um ihre Gunst zu sein scheint, der Name des Mädchens zu Ohren, nach dem sich Mario heimlich verzehrt: Silvestra.

Cipolla hypnotisiert Mario (S. 102–107)

Nun beginnt der Zauberer mit der Hypnose Marios. Er täuscht dem in Trance befindlichen Jungen vor, Silvestra stünde vor ihm, er selbst, Cipolla, sei also Silvestra. Voll Unbehagen und Mitgefühl betrachtet der Erzähler die Szene und die Veränderung, die mit Mario vor sich geht. Auf die Frage Cipollas, wer er sei, antwortet Mario ergriffen und aus tiefster Seele: Silvestra! Aber dabei belässt es der Zauberer nicht. Er fordert Mario auf, ihn nahe dem Mund auf die Wange zu küssen. Und Mario, in der Annahme, Silvestra vor sich zu haben, kommt dem Befehl nach und küsst Cipolla. Im Saal ist es still geworden in diesem »Augenblick von Marios Seligkeit« (S. 105). Das Einzige, was direkt nach dem Kuss zu hören ist, ist das Lachen des Giovanotto.

Mario erschießt Cipolla (S. 106 f.)

Cipolla beendet Marios Hypnose mit einem Pfeifen seiner Reitpeitsche. Als Mario daraufhin wieder zu sich kommt, das dem Zauberer applaudierende Publikum vor Augen, versteht er, was passiert ist und in welcher Situation er sich befindet. Seine Gestik signalisiert tiefe Scham. Nach einigen Augenblicken flüchtet er von der Bühne. Unten angekommen, noch im Lauf, dreht er sich abrupt um und schießt zweimal auf Cipolla, der tödlich getroffen zu Boden sackt. Im ausbrechenden Tumult wird Mario entwaffnet. Zwei Polizisten betreten den Saal, der zum Tatort geworden ist. Der Erzähler und seine Frau gehen nun endlich mit ihren Kindern, an den eintreffenden Polizisten vorbei, zum Ausgang. Die Frage der Kleinen, ob das tatsächlich das Ende gewesen sei, bejaht ihr Vater. Während die Kinder glauben, bis zuletzt sei alles nur ›Zauberei‹ gewesen, empfindet der Erzähler dieses »Ende mit Schrecken, ein höchst fatales Ende« (S. 107), als Befreiung.

III Analyse und Deutung

1 Form

Gattung

Die Erzählung – ›Erzählung‹ hier ganz allgemein als Oberbegriff für ein Werk fiktionaler Prosa von mittlerer Länge verstanden – *Mario und der Zauberer* ist eine Novelle. Der Erstdruck in *Velhagen & Klasings Monatsheften* im April 1930 trug die Gattungsbezeichnung noch im Titel: *Tragisches Reiseerlebnis. Novelle von Thomas Mann.* In der wenig später erfolgten selbstständigen Buchveröffentlichung wurde der ursprüngliche Titel zum Untertitel: *Mario und der Zauberer. Ein tragisches Reiseerlebnis / von Thomas Mann.* Der Wegfall der literarischen Gattungsbezeichnung und die Nachstellung des Autornamens verstärken noch die autobiographische Suggestion (vgl. ED, S. 5).

Die Gattungsbezeichnung pendelt zwischen der Reisenovelle und dem bekannten Aufsatzthema in der Schule ›Mein schönstes Ferienerlebnis‹. Das *Reiseerlebnis* ist hier aber nicht mit dem Attribut ›schön‹ versehen, sondern mit dem Zusatz ›tragisch‹, also der ›Schwester des Dramas gemäß‹. Dieser Ausdruck geht auf Theodor Storm (1817–1888) zurück, der in der Novelle aufgrund ihrer Tektonik (ihres strengen, kunstvollen Aufbaus) »die Schwester des Dramas« sah.

Die *Mario*-Erzählung weist auf nahezu exemplarische Art zahlreiche für die Gattung typische Merkmale auf. Goethe definierte in einem Gespräch mit Johann Peter Eckermann 1827 die Novelle als Darstellung »eine[r] sich ereignete[n] unerhörte[n] Begebenheit« (Aufzeichnung vom 29. Januar 1827). In Thomas Manns Erzählung stellt Marios Kurzschlusshandlung, als er Cipolla am Ende im Affekt erschießt, zweifellos eine solche »unerhörte Begebenheit« dar.

Der novellentypische Rahmen ist in Thomas Manns Erzählung durch den Rückblick des Ich-Erzählers, der seine Reiseerlebnisse schildert, gegeben. Weitere Novellenmerkmale sind eine einlinig auf den Höhepunkt hin angelegte Handlung, eine geschlossene Form, die schon angesprochene Nähe zum Drama, spezifische Vorausdeutungstechniken (Leitmotive, Dingsymbol) und eine symbolische Deutbarkeit.

Cipollas Auftritt kann über das eigentliche Novellengeschehen hinaus, die Beeinflussung des Saalpublikums in Torre di Venere, sinnbildlich als Verführung einer Menschenmenge verstanden werden, als Massenbildungsprozess unter Leitung eines rhetorisch begabten (Ver-)Führers. In der Exposition wird gemäß traditionell novellistisch-dramatischer Technik durch die Ankündigung einer Katastrophe Spannung aufgebaut. Die einlinige Handlung wird weitgehend chronologisch auf den Höhe- und Wendepunkt zustrebend erzählt. Die Spannung steigert sich im Handlungsverlauf kontinuierlich, nur gelegentlich von retardierenden Momenten, etwa den Erzählerkommentaren, unterbrochen. Mit Marios Tat am Schluss ist der tragische Höhe- und Wendepunkt erreicht. Das Geschehen endet in einem kurzen Ausklang, der lediglich eine Buchseite in Anspruch nimmt und das weitere Schicksal der beteiligten Personen, insbesondere Marios, völlig offenlässt. Es wird nicht einmal, wie in vielen anderen Novellen, vorausahnend angedeutet. Der Spannungsverlauf der Novelle reicht wie bei der klassischen Tragödie von der Hybris bis zur Katastrophe.

Cipollas Reitpeitsche mit dem Klauengriff ist ein Leitmotiv, das über die verknüpfende Funktion hinaus als Dingsymbol (im Sinne von Paul Heyses »Falke«) die Essenz der Erzählung abbildet, als gleichzeitiges Zeichen von Cipollas Herrschaftsausübung und der Willensaufgabe und Unterwerfung der Masse.

Aufbau

Die Erzählung besteht aus zwei Teilen. Vorangestellt ist eine kurze Exposition (S. 9), die ouvertürenartig schon alles Wichtige anspricht: den Ort, die unangenehme Atmosphäre dort, die Erzählsituation, die Personen, besonders den »schrecklichen Cipolla«, und die Wende vom »Spektakel« zur »Katastrophe«. Der Leser wird schon gleich zu Beginn auf das »Ende mit Schrecken« vorbereitet, ohne Genaueres zu erfahren. So baut sich Spannung auf. Es wird stets unter dem Blickwinkel des Endes erzählt.

Der erste Teil (S. 9–32), in dem zwei Drittel der Urlaubszeit der Familie anhand einzelner Episoden, etwa im Hotel und am Strand, geschildert werden und ein Stimmungsbild des Ferienortes vermittelt wird, macht gut ein Viertel des Texts aus, während der zweite Teil (S. 32–107), die Ankündigung Cipollas und der Bericht über die etwas mehr als vier Stunden dauernde Zaubervorstellung, etwa drei Viertel des Texts umfasst. Das deutet schon auf die besondere Wichtigkeit der Zaubervorführung hin. Das Verhältnis von Erzählzeit zu erzählter Zeit verändert sich, es kehrt sich um. Im ersten Teil wird vorwiegend zeitraffend erzählt. Der Erzählerbericht dient der Schaffung einer einheitlichen Stimmung des Unbehagens, zu der die einzelnen Erlebnisse beitragen. Diese Relation kehrt sich im zweiten Novellenteil um. Hier herrscht die szenische Darstellung vor und der Dialog wird häufiger eingesetzt. Die Geschehnisse des Abends werden vielfach nahezu zeitdeckend wiedergegeben, ab und an unterbrochen von Erzählerkommentaren. Zum Ende hin, bei der Schilderung der Mario-Episode, wird aus der Zeitdeckung sogar Zeitdehnung, dem Eindruck entsprechend, dass die Zeit vor Spannung stillsteht. Der Auftritt Marios dauert geschätzte fünf bis zehn Minuten, seine Beschreibung (die Erzählzeit) erstreckt sich aber über 14 Seiten (S. 94–107).

Aufbau der Handlung in der Novelle »Mario und der Zauberer«

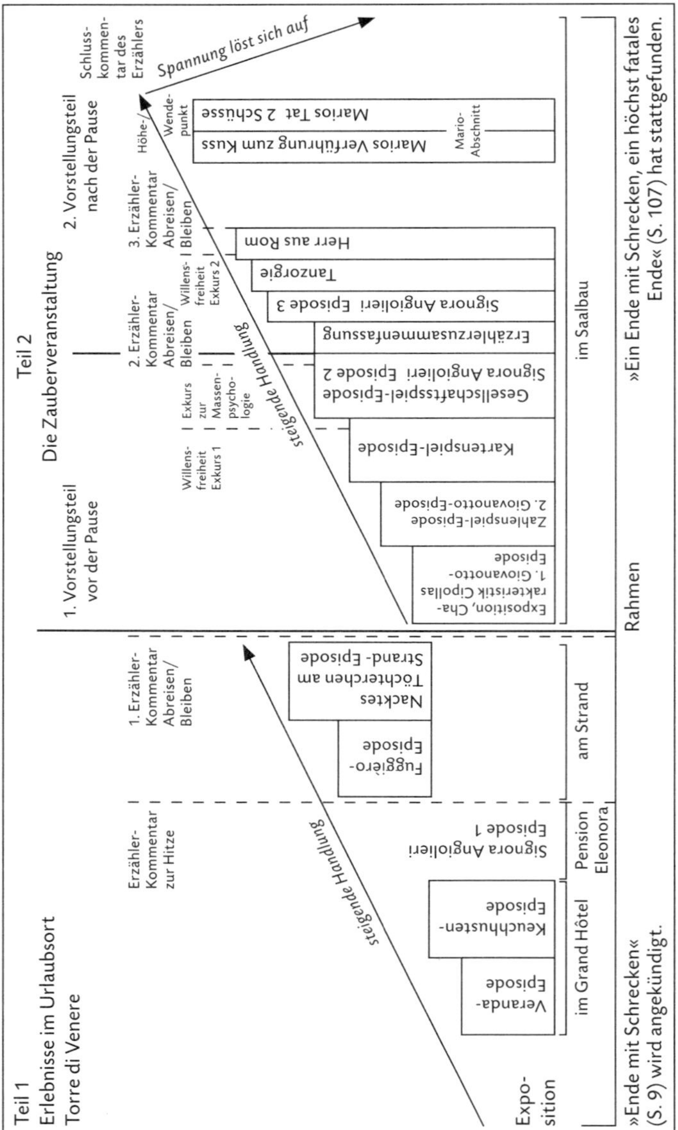

Die beiden Teile sind inhaltlich durch eine klare Zäsur voneinander getrennt. Die Nachsaison fängt an, die Mehrheit der einheimischen Urlauber reist ab, das Wetter schlägt um und Cipolla kündigt sich auf Plakaten an. Beide Teile haben jeweils eine eigene Exposition und sind auch sonst ähnlich strukturiert. So lässt sich in beiden Teilen im Handlungsverlauf eine Ordnung der Geschehnisse in Zweiergruppen beziehungsweise sich steigernden Doppelschritten erkennen. Im ersten Teil gibt es zwei Hotel- (vgl. S. 13 f. und 15 f.) und zwei Strandepisoden (vgl. S. 22–24 und 25–29) und im zweiten Teil je zwei Episoden mit dem Giovanotto (vgl. S. 42–46 und 55–60), Signora Angiolieri (vgl. S. 72–75 und 84–87) und dem jungen Herrn aus Rom (vgl. S. 67 f. und 88–92). Innerhalb dieser Zweiergruppen findet jeweils eine Steigerung in der Hinsicht statt, dass die späteren Vorkommnisse schwerer wiegen und zu Konsequenzen führen.

Im ersten Teil der Vorstellung wird der Giovanotto von Cipolla vorgeführt, indem er ihn dazu veranlasst, dem Publikum die Zunge herauszustrecken. Schwerer wiegt schon der zweite Zwischenfall, als Cipolla ihn sich krümmen lässt, als hätte er eine Kolik. Noch deutlicher wird die Steigerung bei den beiden Episoden mit Signora Angiolieri: Ihre Gedanken lesend – oder indem er sich vorab umgehört hat, wie der Erzähler mutmaßt –, gelingt es ihm, in ihre Vergangenheit einzutauchen. Nach der Pause dann führt die beeindruckende, auch erotisch gefärbte Hypnose der Pensionswirtin, bei der diese Cipolla wie eine Schlafwandlerin, »wenn dieser gewollt hätte, […] bis ans Ende der Welt gefolgt wäre« (S. 86), zu einer solchen Steigerung seiner Autorität, »daß er sein Publikum tanzen lassen konnte« (S. 87) und die Tanzorgie beginnt.

Dem jungen Herrn aus Rom war es schon im ersten Veranstaltungsteil bei einem Kartentrick nicht gelungen, Cipolla kraft seines Willens zu widerstehen. Cipolla hat das kommen sehen, hat er doch schon vor dem Versuch die Willensfreiheit schlichtweg geleugnet. Noch weitaus beeindruckender ist nun das Scheitern des jungen Römers beim Versuch, der Aufforderung zum Tanz zu widerstehen. Danach ist endgültig »das Eis gebrochen, Cipollas Triumph auf seiner Höhe« (S. 92). Es folgt eine Erzählerreflexion zum Thema Willensfreiheit.

Das Prinzip der Zweistufigkeit und Steigerung, das den Fortgang der aufsteigenden Handlung bestimmt, setzt sich auch beim Höhe- und Wendepunkt fort: Die Verführung Marios, die in seinem Kuss kulminiert, ist selbst schon ein Höhepunkt, wird aber durch den zweiten Höhepunkt noch übertroffen: Die Schüsse, die von Mario abgegeben werden, töten Cipolla. Es folgt nur ein kurzer Schlussakkord mit drei kleinen Abschnitten.

Im Verlauf der Erzählung gibt es drei Kommentare des Erzählers zum Thema, warum er mit seiner Familie nicht abreist, einen Erzählerkommentar zur Hitze, zwei Erörterungen zum Thema Willensfreiheit und eine Reflexion zur Massenpsychologie. Zu ihrer Positionierung innerhalb der Novelle gibt das Schaubild auf Seite 50 dieses Bands Auskunft.

Retardierende Erzählerkommentare sind den Handlungsepisoden zwischengeschaltet: Im Hotel wird es der Familie zunächst verwehrt, wie gewünscht auf der Veranda ihre Mahlzeit einzunehmen, dann führt der Konflikt mit der Hotelleitung wegen der Keuchhusten-Geschichte zum Umzug aus dem Grand Hôtel in die Pension Eleonora. Es folgt ein Erzählerkommentar zur Hitze, zur »Schreckensherrschaft der Sonne« (S. 20) und zu der unguten Atmosphäre vor Ort.

Am Strand folgt auf die Geschichte mit dem abscheulichen Jungen Fuggièro die Episode mit der kleinen Tochter des Erzählers, deren Nacktheit beim Auswaschen ihres Badeanzugs für moralische Entrüstung unter den Einheimischen sorgt und ein behördlich verordnetes Bußgeld nach sich zieht. Nach dieser Erfahrung denkt der Erzähler über seine Entscheidung nach, nicht abzureisen, und fragt sich, welche Gründe ihn wohl bewogen haben, mit seiner Familie an dem Ferienort auszuharren.

Innerhalb des zweiten Teils, der Schilderung der Vorstellung, ist wiederum eine Zweiteilung zu erkennen. Die Vorstellungspause (S. 76–79) bildet die Zäsur: Vor der Pause hält der Zauberer das Publikum mit Zahlen-, Karten- und Gesellschaftsspielen in Atem. In der Pause reflektiert der Erzähler ein weiteres Mal das elterliche Versäumnis, mit den Kindern aufzubrechen. Als Cipolla die Bühne nach der Pause wieder betritt, nimmt der Erzähler zusammenfassend vorweg, wie es weitergehen wird: »[D]ie zweite Hälfte seines Programms nun war ganz offen und ausschließlich auf den Spezialversuch, die Demonstration der Willensentziehung und -aufnötigung, gestellt« (S. 80).

Beide Teile sind nicht nur in sich sehr verdichtet, sondern auch wörtlich aufeinander bezogen. In der Exposition wird das »Ende mit Schrecken« angekündigt, das der Erzähler am Ende, nach den tödlichen Schüssen auf Cipolla, als befreiend empfindet (S. 9 und 107). Der vorausdeutende Ausdruck am Anfang und seine Wiederholung am Schluss bilden gleichsam den Rahmen der Erzählung.

Eine Besonderheit der Erzählweise in dieser Novelle ist die häufig vorkommende Leseranrede. Durch sie wird der Leser vom Erzähler in den Erzählvorgang einbezogen: »Sie haben recht, [...]« (S. 21). »Sie begreifen unsere Nervosität.« (S. 36) »Lassen Sie mich zusammenfassen: [...]« (S. 80). »Stellen Sie ihn sich vor als einen untersetzt gebauten Jungen von zwanzig Jahren [...]« (S. 95). »[...], wenn Sie mir die Unterscheidung erlauben wollen« (S. 96). Die Leseransprache findet sich erwartungsgemäß vorwiegend in den kommentierenden Passagen der Erzählung, so etwa wenn der Erzähler in der Vorstellungspause äußert: »Die Gedanken der Menschen zu lesen, ist meistens nicht schwer, und hier ist es sehr leicht. Unfehlbar werden Sie mich fragen, warum wir nicht endlich weggegangen seien, – [...].« (S. 76) Mit dem Mittel der Leseranrede wird die Distanz des Lesers zum Erzählten aufgehoben – er wird zu einem Vertrauten des Erzählers, kann sich durch sein Einbezogenwerden besser in den Erzähler hineinfühlen und sich möglicherweise mit ihm identifizieren.

Leitmotive als strukturbildende Elemente

Die Musik hat einen stilbildenden Einfluss auf Thomas Manns Erzählwerke. So spricht er von ihnen auch als von seinen Partituren. In seiner besonderen Art der Leitmotivtechnik orientiert sich Thomas Mann an Richard Wagners Kompositionstechnik.

Wagner ist für Thomas Mann von Beginn seines Schaffes an das Urbild des modernen Künstlers. Das Erlebnis von Wagners Musik inspirierte ihn und machte ihn künstlerisch produktiv. Thomas Manns Wagnerbild ist über die Wagner-Kritik Friedrich Nietzsches (*Der Fall Wagner*, 1888) vermittelt. Thomas Manns Verhältnis zu Wagner war zeitlebens ambivalent, gleichermaßen bestimmt von Verehrung und Kritik. Der kleine Aufsatz *Auseinandersetzung mit Richard Wagner* (1911) und der große Essay *Leiden und Größe Richard Wagners* (1933) sind – neben einer Vielzahl weiterer zusammenhängender und verstreuter Äußerungen – Zeugnisse seines Wagner-Bildes (vgl. auch die von Erika Mann herausgegebene Sammlung: Thomas Mann: *Wagner und unsere Zeit. Aufsätze, Betrachtungen, Briefe*. Frankfurt am Main: S. Fischer Verlag 1963 sowie – als Taschenbuch – 1983). Der am 10. Februar 1933, wenige

Tage nach Hitlers Ernennung zum deutschen Reichskanzler, in München aus Anlass von Wagners fünfzigstem Todestag gehaltene Wagner-Essay zog am 16./17. April 1933 den »Protest der Richard-Wagner-Stadt München« nach sich, ein von vielen Vertretern des Münchner Kulturlebens, darunter zahlreichen Bekannten Thomas Manns, unterzeichnetes Pamphlet gegen die vermeintlich ›undeutsche‹ Verunglimpfung Wagners durch Thomas Mann. Dieser gehässige und servile Angriff auf einen den neuen Machthabern verhassten Autor bestärkte Thomas Mann, der sich auf Vortragsreise im Ausland befand, in seinem bereits vorher gefassten Entschluss, zunächst nicht nach Deutschland zurückzukehren. Wie sich erweisen sollte, war es der Beginn seiner Emigration.

Thomas Manns ambivalenter Wagner-Leidenschaft entsprechend kommen in seinen Erzählwerken sowohl seine hervorragenden Wagner-Kenntnisse als auch seine Einsicht in die problematische Seite Wagners zum Ausdruck. Der Einfluss Richard Wagners macht sich dabei sowohl in inhaltlicher wie in formaler Hinsicht bemerkbar. In fast jeder seiner frühen Erzählungen ist der inhaltliche Wagner-Einfluss gegenwärtig. Immer wieder betäubt Wagner'sche Musik die Protagonisten der frühen Erzählungen, versetzt sie in einen sinnlichen Rausch, der sich für sie in schicksalhafter Weise auswirkt. Hanno Buddenbrook spielt Wagner-inspirierte Chromatik auf dem Klavier. Am deutlichsten ist der Wagner-Einfluss in der *Tristan*-Erzählung (1903), in die Thomas Mann Motive aus Wagners *Tristan und Isolde* eingearbeitet hat. Hier wird die Wagner'sche Musik als Verführung zum Tode eingesetzt. Über das inhaltliche Moment hinaus ist es die Machart, die Kompositionstechnik Wagners, die Thomas Mann auf seine eigenen Werke überträgt. Dieser formale Einfluss zeigt sich am deutlichsten in der Leitmotivtechnik, die Thomas Mann von Wagner übernimmt.

Klaus Maria Brandauer als Zauberkünstler und Hypnotiseur Cipolla in dem unter seiner Regie entstandenen Spielfilm »Mario und der Zauberer« (1994).

Das Leitmotiv bezeichnet in der Musik eine wiederkehrende Tonfolge, die einer Figur, einer Sache, einer Situation oder einem Gefühl zugeordnet ist, somit eine charakterisierende Funktion erhält und bei ihrer Wiederholung die Erinnerung daran weckt. Als sprachliches Bild hat ein Leitmotiv ordnende oder verbindende Funktion innerhalb eines Texts.

Das »Leitmotiv, die vor- und zurückdeutende magische Formel, die das Mittel ist, [der] inneren Gesamtheit [eines literarischen Werks] in jedem Augenblick Präsenz zu verleihen«, bewirkt Thomas Mann zufolge eine »Aufhebung der Zeit«. Es erfüllt den Zweck, »Einheit zu schaffen, Einheit fühlbar zu machen und das Ganze im Einzelwerk gegenwärtig zu halten« (*Einführung in den ›Zauberberg‹. Für Studenten der Universität Princeton*, 1939, GW XI, S. 603). Im *Zauberberg* (1924) ist die Leitmotivtechnik auf eine komplizierte und alles durchdringende Art angewandt.

In der *Mario*-Erzählung finden sich eine ganze Reihe von leitmotivischen Strukturen. So kommen zum Beispiel bei der Beschreibung von Cipollas Erfolgen immer das Stärkungsgläschen und die Reitpeitsche, diese sogar als Dingsymbol, zum leitmotivischen Einsatz, beispielhaft in dieser Textstelle:

> Zwei Dinge spielten die Hauptrolle bei diesen Triumphen: das Stärkungsgläschen und die Reitpeitsche mit dem Klauengriff. Das eine mußte immer wieder dazu dienen, seiner Dämonie einzuheizen, da sonst, wie es schien, Erschöpfung gedroht hätte; und das hätte menschlich besorgt stimmen können um den Mann, wenn nicht das andere, dies beleidigende Symbol seiner Herrschaft, gewesen wäre, diese pfeifende Fuchtel, unter die seine Anmaßung uns alle stellte, und deren Mitwirkung weichere Empfindungen als die einer verwunderten und vertrotzten Unterwerfung nicht aufkommen ließ. (S. 81)

Weitere Beispiele für solche leitmotivischen Elemente, die sich durch die ganze Erzählung ziehen, sind: ›Sonne‹, ›Wetter‹, ›Italien‹, ›Luft‹, ›Willen‹ sowie die ›Falschheit‹ und ›Merkwürdigkeit‹ der gesamten Szenerie am Urlaubsort.

Mit italienischen Worten und Redewendungen, die in die Erzählung eingestreut sind, gelingt es Thomas Mann überdies, ein glaubwürdiges und realistisches Stimmungsbild zu schaffen. Als Beispiele lassen sich die Begrüßung des Zauberers durch den Giovanotto – »Buona sera!« (S. 42; »Guten Abend!«) –, die von den Kindern stolz verkündete Bestellung »una cioccolata e biscotti!« (S. 79; »eine heiße Schokolade und Kekse!«) oder die Cipolla geltenden Zuschauerkomplimente »Parla benissimo« (S. 49; »Er spricht ausgezeichnet«) und »Labora bene!« (S. 68; »Er liefert gute Arbeit ab!«) anführen (zur Leitmotivik vgl. auch die Seiten 98–106 dieses Bands).

2 Figuren

Mario

Mario ist einer der beiden Titelhelden der Erzählung, sogar der zuerst Genannte. Das weckt beim Leser die Erwartung, dass er eine besonders wichtige Rolle spielt. Dies ist auch der Fall, aber erst am Ende der Erzählung. Zuvor wird er eher beiläufig erwähnt. Mit wenigen Worten wird Mario vom Erzähler im Rahmen seiner Beschreibung des Ferienorts bei der Ankunft der Familie eingeführt. Im »Esquisito«, einem der Gartencafés an der Strandpromenade, in dem die Familie ab und zu einkehrt, wird sie von dem Kellner Mario bedient, »de[m]selbe[n] Mario, von dem ich dann gleich erzählen werde!« (S. 12)

Auf dieses »gleich« muss der Leser recht lange warten. Der Erzähler löst seine Ankündigung erst zu Beginn des zweiten Teils der Novelle ein, als er detailliert den Saalbau und das Publikum der bevorstehenden abendlichen Zaubervorführung beschreibt. Unter den Zuschauern auf den Stehplätzen entdecken die Erzählerkinder Mario: »Sieh doch, da ist sogar Mario vom ›Esquisito‹, Mario, der uns die Schokolade bringt!« (S. 36) Erstmals wird nun auch ein Charakterzug Marios angedeutet. Er wirkt ein wenig verträumt und abwesend: »[...] er bemerkt uns nicht, er gibt nicht acht, das ist so seine Art, obgleich er ein Kellnerbursche ist« (S. 36).

Das nächste Mal tritt Mario in der Veranstaltungspause in Erscheinung. Jetzt ist er wachsamer und antwortet den Kindern auf ihre spielerische Bestellung von Schokolade und Keksen mit einem freundlichen »Subito!« (S. 79; »Sofort!«), was den Erzähler zu folgendem vorausdeutenden Kommentar veranlasst: »Wir bekamen Gründe, dies freundliche und etwas zerstreutmelancholische Lächeln im Gedächtnis zu bewahren.« (S. 79)

Das vierte Auftreten Marios ist zugleich Höhe- und Wendepunkt der Novelle und gehört zur Schlussszene. Der Erzähler stellt die kurze, geschätzte fünf bis zehn Minuten dauernde Situation sehr ausführlich in zeitdehnender Weise dar.

Als der Zauberer den jungen Kellner als letztes Hypnose-Opfer zu sich auf die Bühne winkt, befindet er sich auf dem Höhepunkt seiner Macht. Mario zögert zunächst, wie der Erzähler hervorhebt. Als er dann doch folgsam zu Cipolla auf die Bühne geht, vermutet der Erzähler, dass von Mario wohl kein Widerstand zu erwarten sei: »Das lag schon in seinem Beruf; und außerdem war es wohl eine seelische Unmöglichkeit, daß ein schlichter Bursche wie er dem Zeichen eines so im Erfolg thronenden Mannes, wie Cipolla es zu dieser Stunde war, hätte den Gehorsam verweigern sollen.« (S. 95) Der Leser erwartet nun im Grunde nichts anderes, als Mario in die Gruppe der Tanzenden eingereiht zu sehen.

In direkter Leseransprache erfolgt die Beschreibung von Marios Äußerem durch den Erzähler:

> Stellen Sie ihn sich vor als einen untersetzt gebauten Jungen von zwanzig Jahren mit kurzgeschorenem Haar, niedriger Stirn und zu schweren Lidern über Augen, deren Farbe ein unbestimmtes Grau mit grünen und gelben Einschlägen war. [...] Das Obergesicht mit der eingedrückten Nase, die einen Sattel von Sommersprossen trug, trat zurück gegen das untere, von den dicken Lippen beherrschte, zwischen denen beim Sprechen die feuchten Zähne sichtbar wurden, und diese Wulstlippen verliehen zusammen mit der Verhülltheit der Augen seiner Physiognomie eine primitive Schwermut [...]. (S. 95 f.)

Dieser schwermütige Zug Marios ist es gerade, der ihn der Familie des Erzählers so sympathisch macht.

Bernd Hamacher weist darauf hin, dass »Mario [...] physiognomisch deutlich ›afrikanisch‹ markiert« sei. Er verkörpere »den Typus des ›edlen Wilden‹ « (zitiert nach ED, S. 31 f.).

Die Illustration von Hans Meid für die erste Buchausgabe der Erzählung nimmt die Beschreibung Thomas Manns nicht auf, sondern versieht Mario mit den zwar nur angedeuteten, aber gleichwohl erkennbaren Gesichtszügen von Thomas Mann. Bernd Hamacher kommentiert das folgendermaßen:

> Zumindest unterschwellig wurde die Darstellung der äußeren Erscheinung Marios offenbar von Anfang an teilweise als fragwürdig, wenn nicht skandalös empfunden. Anders wäre kaum zu erklären, wieso die Illustration [...] Mario mit der [...] Physiognomie ausgerechnet Thomas Manns versieht – damit suggerierend, die erlösende Schlusswendung könne keineswegs durch einen primitiven ›Afrikaner‹, sondern nur durch den Autor selbst herbeigeführt werden, der jedoch damit unversehens zum Mörder wird. (Hamacher in BBH-Katalog, S. 29)

Zum intellektuellen Erzähler bildet Mario, den man sicher als einen eher einfachen Menschen bezeichnen kann, einen merklichen Kontrast. Der Erzähler schätzt in Mario auch den Typus, den dieser aus seiner Sicht verkörpert: »Wir kannten ihn menschlich, ohne ihn persönlich zu kennen, wenn Sie mir die Unterscheidung erlauben wollen.« Die Erzählerfamilie mag Marios »träumerische, leicht in Geistesabwesenheit sich verlierende Art«, seine Freundlichkeit, die nicht gewollt ist, und seinen Verzicht auf gespielte Liebenswürdigkeit, der ihn abgrenzt von dem liebedienerischen Hoteldirektor und vielmehr noch von der Figur Cipollas, der gerade das Gegenteil verkörpert. Vorausdeutend bemerkt der Erzähler: »Seine Figur wäre uns auf jeden Fall im Gedächtnis geblieben, eine der unschein-

Federzeichnung von Hans Meid: Cipolla winkt Mario zu sich.

baren Reiseerinnerungen, die man besser behält als manche erheblichere.« (S. 96)

Cipolla spricht vor der Kussszene zu Mario. Die öffentliche Bloßstellung Marios enthält homoerotische Anspielungen. So bezeichnet Cipolla Mario – vordergründig aufgrund seines Kellnerberufs – als Ganymed, nach dem Mundschenk und Liebhaber des antiken Göttervaters Zeus: »Ein Cameriere [ital. Kellner] bist du, ein Schenke, ein Ganymed, – das lasse ich mir gefallen, noch eine antike Erinnerung […]« (S. 99). Diese Anspielung auf den schönen Ganymed in der griechischen Sage wird Mario vermutlich nicht verstehen.

Durch Hypnose hat der Zauberer die wohl unglückliche Liebe Marios zu dem Mädchen Silvestra öffentlich gemacht und ihn vor versammelter Zuschauerschar seiner Würde beraubt. Die Frage, woher Mario plötzlich die Waffe hat, bleibt in der Erzählung offen.

Marios Tat – die beiden Schüsse, die, wie der Erzähler kommentiert, vom »Schicksal in so unvorhergesehene und fremde Richtung gelenkt« (S. 107) werden und demnach mehr oder minder zufällig den Zauberer treffen – ist eine Kurzschlussreaktion auf den Missbrauch seiner intimsten Gefühle.

Überhöht man die Tat ins Politische, als gewaltsame Befreiung vom diktatorischen Führer, so stellt sich die Frage, warum sich das Publikum nach dem ›Attentat‹ gegen Mario zu wenden scheint. Ist es noch so im Massenwahn befangen, dass es das Erlösende der Tat nicht zu würdigen weiß? Der Erzähler jedenfalls empfindet Marios Tat als »befreiendes Ende« (S. 107) und verurteilt sie nicht. Für ihn hat der junge Kellner auf sich genommen, was längst hätte geschehen müssen: den Redner-Verführer Cipolla zu stoppen. Der Erzähler selbst war so in Passivität gefangen, dass er nicht die Energie aufbrachte, die Vorstellung mit seiner Familie zu verlassen.

Cipolla

Für Cipolla gab es ein reales Vorbild, wie Thomas Mann in einem Brief an den Schriftsteller und Kritiker Otto Hoerth vom 12. Juni 1930 bestätigt hat: »Der ›Zauberkünstler‹ war da und benahm sich genau, wie ich es geschildert habe.«

Aus der Briefantwort Thomas Manns vom 27. November 1930 an einen Herrn Hopkins, der ihm als Augenzeuge des Ferienerlebnisses geschrieben hatte, erfahren wir zudem den Namen des ›echten‹ Zauberers:

> Es ist alles ganz richtig, wir waren im August-September 26 in Forte dei Marmi, das mit dem Torre di Venere der Novelle identisch ist, und wir haben zusammen mit Ihnen den Zauberer gesehen. Seinen wirklichen Namen erfuhr ich erst wieder von Ihnen, Gabriele, ich hatte ihn vergessen. (GkFA, S. 505)

Cesare Gabrielli (1881 bis 1943), das Vorbild für den Zauberkünstler und Hypnotiseur Cipolla in »Mario und der Zauberer«.

Der richtige Name dieses Magiers war Cesare Gabrielli. Er war ein berühmter italienischer Hypnotiseur, der in den Zwanziger- und Dreißigerjahren auftrat.

Cipolla wird im Titel der Erzählung als zweite Figur genannt und ist damit von vornherein ebenfalls eine Hauptfigur. Der Name ›Cipolla‹ (ital. Zwiebel) kann als Hinweis auf die Vielschichtigkeit seiner Persönlichkeit gedeutet werden. Wie man von einer Zwiebel eine Schale nach der anderen abzieht, werden die verschiedenen Facetten von Cipollas Persönlichkeit nach und nach durch psychologische Analyse freigelegt.

Am Anfang der Erzählung wird der Leser schon auf ein »Ende mit Schrecken« (S. 9) in Verbindung mit Cipolla eingestimmt: »[U]nd zum Schluß kam dann der Choc mit diesem schrecklichen Cipolla, in dessen Person sich das eigentümlich Bösartige der Stimmung auf verhängnishafte und übrigens menschlich sehr eindrucksvolle Weise zu verkörpern und bedrohlich zusammenzudrängen schien.« (S. 9)

Cipolla wird vom Erzähler detailliert beschrieben: »Ein Mann schwer bestimmbaren Alters, aber keineswegs mehr jung, mit scharfem, zerrütteten Gesicht, stechenden Augen« (S. 38 f.) und altmodisch, fast operettenhaft gekleidet »in eine Art von komplizierter Abendstraßeneleganz« (S. 39). Seine beim Sprechen und arroganten Grimassieren zum Vorschein kommenden »schadhaft abgenutzten, spitzigen Zähne[ ]« (S. 41) verbinden ihn mit dekadenten Künstlerfiguren in Thomas Manns frühen Erzählungen, die leitmotivisch mit schlechten, kariösen, auch Todesnähe symbolisierenden Zähnen ausgestattet sind; und tatsächlich gleicht sein Gesicht beim Rauchen einem Totenschädel: »Den tief eingeatmeten Rauch stieß er, [...], beide Lippen zurückgezogen, [...] zwischen seinen [...] Zähnen hervor.« (S. 41)

Er hat »eine Art Hüft- und Gesäßbuckel, der den Gang zwar nicht behinderte, aber ihn grotesk und bei jedem Schritt sonderbar ausladend gestaltete« (S. 51). Cipolla weist selbst auf seinen »kleinen Leibesschaden« hin und lobt sich im selben Atemzug: »Allein mit den Kräften meiner Seele und meines Geistes meistere ich das Leben [...]« (S. 47). Der Erzähler spricht von einer »gewisse[n] Würde und Selbstgefälligkeit des Krüppels« (S. 40). Cipolla lebt von seinen Zauberer- und Hypnose-Darbietungen.

Cipolla wird als hässlich und abstoßend geschildert. Zur Aufrechterhaltung der Willensanspannung seines Geistes benötigt er Alkohol und Zigaretten. Was er den Versuchspersonen antut, gibt er vor, in erster Linie selbst zu erleiden. »Er betonte dies stark und oft, daß er es außerordentlich schwer habe, wahrscheinlich um seine Stärkungsbedürftigkeit und das häufige Greifen zum Gläschen zu erklären.« (S. 71 f.)

Bei Thomas Mann ist es ein Charakteristikum und Erkennungsmerkmal des ›echten‹ Künstlers, dass er es schwer hat. Das unterscheidet ihn vom bloßen Ästheten und Dilettanten einerseits und vom Bürger andererseits. So sagt Tonio Kröger in der gleichnamigen Erzählung: »Ich stehe zwischen zwei Welten, bin in keiner daheim und habe es infolgedessen ein wenig schwer.« (GW VIII, S. 337)

Am auffälligsten ist aber Cipollas Redegewandtheit, die seine Hässlichkeit und seine körperliche Beeinträchtigung in gewisser Hinsicht kompensiert. So wehrt er jeden möglichen Spott über seine Verwachsenheit ab, indem er sie selbst anspricht. »Übrigens war der Unzuträglichkeit durch ihre Erwähnung gleichsam die Spitze abgebrochen worden, und zivilisiertes Feingefühl beherrschte [...] spürbar den Saal.« (S. 51) Von Beginn seines Auftritts an hat Cipollas meisterhafte Rhetorik einen großen Anteil daran, ihm die Herrschaft über sein Publikum zu sichern. Seine Redekunst bringt ihm die Anerkennung des Publikums ein (vgl. S. 49).

Reden ist ein Mittel der Menschenführung und bei Missbrauch auch ein Mittel der Verführung; und Cipolla erweist sich als meisterhafter Verführer. Die Wahl der späten Anfangszeit der Veranstaltung scheint nicht zufällig, sorgen doch die Abendstunden für eine größere Bereitschaft des Publikums, sich in der Masse treiben zu lassen und den eigenen Willen aufzugeben – wichtige Voraussetzungen für eine erfolgreiche Hypnose. Der Zauberer ist von Beginn an um eine permanente Kommunikation mit dem Publikum bemüht. Schmeicheleien, aber auch gezielt eingesetzte Spötteleien und kleinere Auseinandersetzungen dienen ihm dazu, alle Teile seines Publikums gleichermaßen in seinen Bann zu ziehen. Bei der Auswahl der Versuchspersonen hütet er sich, »den vornehmen Teil seines Publikums zu belästigen« (S. 53).

Als »Forzatore, Illusionista und Prestidigitatore« (S. 32) kündigt sich Cipolla auf seinen Plakaten an, also als Kraftmensch, Zauberkünstler und Taschenspieler. Aber diese Ankündigung täuscht – wie überhaupt die Täuschung und Vorspiegelung ein wichtiges Mittel seines Handelns ist. Er ist kein Zauberkünstler, sondern ein dämonischer Hypnotiseur.

Der Erzähler ahnt das schon zu einem recht frühen Zeitpunkt der abendlichen Vorstellung. Als Cipolla mitteilt, mit arithmetischen Übungen beginnen zu wollen, denkt er: »Arithmetik? Das sah nicht nach Zauberkunststücken aus. Die Vermutung regte sich schon, daß der Mann unter falscher Flagge segelte; nur welches seine richtige war, blieb undeutlich.« (S. 51) Im Laufe der Vorstellung wird dem Erzähler dann recht bald bewusst, was sich hinter Cipollas Tun verbirgt, und er teilt dem Leser mit: »Lassen Sie mich zusammenfassen: Dieser selbstbewußte Verwachsene war der stärkste Hypnotiseur, der mir in meinem Leben vorgekommen.« (S. 80)

Der Zauberer ist eine dekadente Künstlergestalt mit Sehnsucht nach dem Leben. Seine körperliche Beeinträchtigung weiß er durch geistige Gaben, insbesondere sein rhetorisches Talent und seine hypnotischen Fähigkeiten, zu kompensieren. Sein Beweggrund für die Verführung des Publikums ist aus der Perspektive der Mann'schen Künstlerthematik deshalb die Rache des vom Leben benachteiligten Geistes am Leben.

In der Szene mit dem jungen Mann, der den Zauberer herausfordernd begrüßt hat und »den Cipolla nicht müde wurde in der Rolle des […] ländlichen Hahnes im Korbe vorzuführen« (S. 48), bemerkt der Erzähler schon früh eine gewisse Verbitterung Cipollas gegenüber diesem (und anderen jungen und gutaussehenden Männern im Publikum), »über deren menschlichen Sinn ein Blick auf die Körperlichkeit beider belehrt haben würde, auch wenn der Verwachsene nicht beständig auf das ohne weiteres vorausgesetzte Glück des hübschen Jungen bei den Frauen angespielt hätte« (S. 48).

Cipollas hypnotische Wirkung auf das Publikum ist neben seiner Beredsamkeit auch auf den Einsatz seiner Reitpeitsche zurückzuführen, »diese pfeifende Fuchtel, unter die seine Anmaßung uns alle stellte« (S. 81). Die Herrschaft, die er auf diese Weise ausübt, hat etwas »Entehrende[s]« (S. 81). Seine innere Bedürftigkeit, sich sein Publikum zu unterwerfen, macht ihn gefährlich. Seine eigene Würde kann er nur durch die Bloßstellung anderer behaupten.

Der Zauberer, der die Zuschauer, unter ihnen auch Mario, zu Marionetten seiner Verführung machte, gleicht am Ende, wenn er von den Pistolenkugeln getroffen sterbend in sich zusammensinkt, selbst einer Marionette. Diese Assoziation wird durch die Beschreibung des toten Cipolla noch verstärkt: »ein durcheinandergeworfenes Bündel Kleider und schiefer Knochen« (S. 107).

Der Erzähler

Der Ich-Erzähler ist in *Mario und der Zauberer* immer gegenwärtig, zum einen als handelnde Figur auf der Ebene des Erzählten, zum anderen auf der Ebene des erinnernden Erzählens als Kommentator und Reflektierender des Geschehens. Er ist die dritte Hauptfigur und kann – wenn auch nur in seiner reflektierenden Funktion – als die wichtigste Figur der Erzählung betrachtet werden.

Im ersten Teil der Novelle agiert der Erzähler als Familienvater, als Mitglied der Urlauberfamilie, bestehend aus den Eltern und ihren beiden Kindern; im zweiten Teil gehört er wie auch Mario zum Publikum der Zaubervorstellung Cipollas. Hier handelt er noch weniger als zuvor und ist ganz auf die Rolle des Beobachters und Reflektierenden der Vorgänge auf der Bühne und im Saal beschränkt.

Der Leser erfährt nicht viel über den Erzähler, der namenlos bleibt. Informationen über ihn und seine Familie lassen sich nur beiläufig erschließen, etwa dass sie Deutsche sind. Anhand der Erzählweise kann sich der Leser ein Bild von der Persönlichkeit des Erzählers machen. Seine Frau kommt als eigenständige Person praktisch gar nicht vor. Sie ist mitgemeint, wenn der Erzähler »wir« sagt. Einmal nur findet sie – beiläufig genug – als Person Erwähnung, als es in der Vorstellungspause von den Kindern heißt: »Sie schliefen auf unseren Knien, die Kleine auf den meinen, der Junge auf denen der Mutter.« (S. 76) Der Leser erfährt nur die Gedanken des Erzählers, nicht die seiner Frau. Diese egozentrische Sichtweise ist derjenigen Cipollas gar nicht so fern. Er nutzt häufig Fremdwörter (etwa »Philippika«, S. 27) und gibt sich durch seine Sprachgewandtheit und sein Reflexionsniveau als Intellektueller zu erkennen. Bei erlebten Ungerechtigkeiten bleibt er eher passiv und flüchtet sich in Ironie, statt zu handeln.

Im Verlauf der Novelle finden sich drei Erzählerkommentare zum Thema: Abreisen oder Bleiben. Der Erzähler sucht nach Gründen, warum er sich nicht zur Abreise entschließen kann. Als die Atmosphäre im italienischen Badeort für die Familie des Erzählers immer unangenehmer wird, ist es die »Merkwürdigkeit« der Situation, die sie am Ort festhält: »Wir blieben auch deshalb, weil der Aufenthalt uns merkwürdig geworden war, und weil Merkwürdigkeit ja in sich selbst einen Wert bedeutet, unabhängig von Behagen und Unbehagen.« (S. 30) Es scheint demnach nicht um ein Standhalten als Ausdruck moralischen Handelns zu gehen; eher handelt es sich bei der Motivation zu bleiben um eine ästhetische Kategorie im Sinne einer moralfreien Faszination.

Der Erzähler wird vom Zauberer nicht in sein Programm einbezogen – er hält sich an die einfachen Leute als Versuchspersonen – und es kommt an keiner Stelle zu einer direkten

Julian Sands als der deutsche Schriftsteller Bernhard Fuhrmann und Anna Galiena als seine Frau Rachel in Brandauers Spielfilm.

Begegnung oder gar Auseinandersetzung. Aber der Erzähler bleibt nicht unbeeindruckt vom Zauberer und dessen Herrschaft über die Menge und gerät, wenn auch nicht gänzlich, in den Sog dieser Vorgänge. So verliert er zunehmend seine Distanz dem Geschehen gegenüber. Das deutet sich schon bei der ersten Demonstration von Cipollas Künsten an, als dieser den jungen Burschen dazu bringt, gegen dessen Willen dem Publikum die Zunge herauszustrecken: »[…] ich erinnere mich, daß ich unwillkürlich mit den Lippen leise das Geräusch nachahmte, mit dem Cipolla seine Reitpeitsche hatte durch die Luft fahren lassen« (S. 45). Je größer der Einfluss des Zauberers auf sein Publikum wird, desto seltener werden die Reflexionen und Kommentare des Erzählers. So vermittelt sich der Eindruck, als dränge die rhetorische Macht Cipollas die sprachliche Kraft des Erzählers zunehmend zurück. Dieses Verhältnis von Erzähler und Erzähltem ist bedeutsam für die Wirkung der Novelle. Indem der Erzähler seine Distanz und damit seine ordnende Funktion zunehmend zu verlieren scheint, wird auch der Leser stärker in das verwirrende, irrationale und bedrohliche Geschehen einbezogen (vgl. Eigler, S. 174). Der Distanzverlust spiegelt sich in der Ausdrucksweise des Erzählers. Die Darstellung wird emotionaler. Dies zeigt sich besonders in den Charakterisierungen Cipollas. Zu Anfang noch als harmloser »Gaukler[ ]« (S. 42) bezeichnet, wird er zu »unser[em] Gebieter« (S. 76) und »Bändiger« (S. 84), zum »Verführer« (S. 86) und »Herr[n] des Abends« (S. 93).

Wenn der Erzähler »ein gewisses spätnächtliches Drunter und Drüber der Gemüter« konstatiert, »eine trunkene Auflösung der kritischen Widerstände [...], die so lange dem Wirken des unangenehmen Mannes entgegengestanden waren« (S. 87), so gibt er auch seine eigene Beklemmung preis.

Ein tendenzieller Distanzverlust zeigt sich auch darin, dass der Erzähler gegen Ende die vorherige chronologische Erzählweise aufgibt und Geschehnisse herausgreift, die ihm besonders viel Eindruck gemacht haben und die er ganz genau schildert: »Ich habe vorgegriffen und die Reihenfolge ganz beiseite geworfen. Mein Kopf ist noch heute voll von Erinnerungen an des Cavaliere Duldertaten, nur weiß ich nicht mehr Ordnung darin zu halten, und es kommt auf sie auch nicht an.« (S. 83)

Am deutlichsten zeigt sich seine seelische Beteiligung und eine Art von Kapitulation in der Anmerkung: »Es war nun schon alles einerlei.« (S. 93) Sie dient als Entschuldigung für das Versäumnis, der Kinder wegen die Vorstellung schon früher zu verlassen: »Ich erwähne sie mit Beschämung. Hier war nicht gut sein, für sie am wenigsten, und daß wir sie immer noch nicht fortgeschafft hatten, kann ich mir nur mit einer gewissen Ansteckung durch die allgemeine Fahrlässigkeit erklären, von der zu dieser Nachtstunde auch wir ergriffen waren. Es war nun schon alles einerlei.« (S. 93)

Sehr emotional ist auch die rückblickende Schilderung des Erzählers von Marios Verführung: »Es wird mir schwer, es zu sagen, wie es mir schwer wurde, es zu sehen, denn das war eine Preisgabe des Innigsten [...].« (S. 104) »Der Augenblick war grotesk, ungeheuerlich und spannend, – der Augenblick von Marios Seligkeit.« (S. 105) Marios Tat empfindet der Erzähler als Befreiung. In den Schlussworten »ich konnte und kann nicht umhin, es so zu empfinden!« (S. 107) schwingt auch das schmerzliche Bewusstsein seiner eigenen Passivität und mangelnden Souveränität mit.

Wenn man über den Erzähler spricht, muss man sich natürlich immer bewusst halten, dass es sich nicht um Thomas Mann selbst handelt, auch wenn die Erzählung auf ein Urlaubserlebnis des Autors zurückgeht. Der Distanzverlust der Erzählerfigur gegenüber dem Zauberer ist kein Distanzverlust des Autors gegenüber seinem Stoff. Im Gegenteil: Indem der Autor – auch anknüpfend an eigene Erlebnisse und Gefühle – den tendenziellen Distanzverlust seiner Erzählerfigur gestaltet, zeigt er, dass er seinen Stoff mit künstlerischem Kalkül kontrolliert. Er benutzt die Erzählerfigur, um dem Leser einen Eindruck von der Faszinationskraft des Hypnotiseurs zu vermitteln, welcher sich selbst der reflektierende Intellektuelle, den der Erzähler verkörpert, nicht gänzlich entziehen kann. Der Erzähler ist demnach Teil des Arrangements, der Gestaltung und Präsentation des Inhalts durch den Autor.

Die Kinder

In der Erzählung kommen mehrere Kinder vor: zum einen die Kinder des Erzählers, ein achtjähriges Mädchen und ihr etwas jüngerer Bruder; zum anderen italienische Kinder am Strand, unter ihnen der zwölfjährige Fuggièro. Während die Erzählerkinder als offen, unschuldig, kindlich und natürlich beschrieben werden und so auch den einheimischen Kindern begegnen, scheinen diese ihre kindliche Natürlichkeit verloren zu haben und verhalten sich merkwürdig patriotisch. Das zeigt sich in ihren Redensarten und in der Ausgrenzung der enttäuschten Kinder des Erzählers.

Für den Handlungsaufbau der Erzählung haben diese eine wichtige Funktion, indem sie an bedeutenden Stellen bestimmte Handlungsschritte auslösen. Der Wunsch der Kinder, auf der Veranda zu essen, führt zur ersten Zurückweisung durch die Hotelleitung; die leichten Nachwirkungen eines im Grunde überstandenen Keuchhustens des Jungen werden schließlich zum Anlass für den Umzug in die Pension Eleonora. Am Strand verursacht die Nacktheit des Mädchens moralische Empörung unter den Einheimischen. Und nur weil die Kinder die Zaubervorstellung gern besuchen möchten, besorgen ihre Eltern Karten. Während der Vorstellung zeigen sich die Kleinen nach kindlicher Art begeistert, ihre Freude steigt mit jeder weiteren Vorführung. Was wirklich vor sich geht, bleibt ihnen verborgen: »Die Kinder lachten von Herzen. Von den gewechselten Worten hatten sie fast nichts verstanden« (S. 45). Dass Cipolla sich in den Zuschauerraum begibt, »um persönliche Berührung mit seinen Gästen zu suchen, gehörte zu seinem Arbeitsstil und gefiel den Kindern sehr« (S. 52). Beim zweiten Zwischenfall mit dem Giovanotto »lauschten [sie] mit vollem Genuß. [...] Das war also ein Zauberabend, zum mindesten ein italienischer. Sie fanden es ausdrücklich sehr schön.« (S. 56)

Die Kinder sind besonders empfänglich für die Verführungskünste des Zauberers und können so gleichsam auch als Sinnbild für die Beeinflussbarkeit der Masse durch den Redner-Verführer gelten. Da sich ihnen der wahre Charakter der Vorführungen nicht erschließt, bezieht sich ihre Begeisterung auf die künstlerische Darbietung.

Aus der Schar der italienischen Kinder am Strand sticht der unerzogene Fuggièro als Verkörperung der unangenehmen Stimmung hervor. »Tatsächlich wimmelte es am Strande von patriotischen Kindern, – ein unnatürliche und niederschlagende Erscheinung.« (S. 24) Elisabetta Mazzetti merkt hierzu an, Thomas Mann scheine »die 1926 gerade ins Leben gerufenen Jugendgruppen der Balilla« vor Augen gehabt zu haben, »die nationalistisch erzogen wurden und in Sommerlagern zusammentrafen. Durch den Faschismus« sei »nicht nur die Gastfreundlichkeit zerstört« worden, »sondern auch die Unschuld der Kinder und deren natürlicher menschlicher Umgang miteinander« (BBH-Katalog, S. 106).

Die Hässlichkeit Fuggièros – die Ableitung seines Namens vom Verb »fuggire« (»weglaufen«) weist schon auf die Feigheit des Jungen hin –, seine Boshaftigkeit gegenüber anderen und sein theatralisches Leidenspathos nach seiner Begegnung mit einem Taschenkrebs verbinden ihn auf vorausdeutende Art mit dem Zauberer. Man könnte ihn als Präfiguration Cipollas im Kleinen deuten.

Das Publikum der Zauberervorstellung

Viele Besucher der Vorstellung stammen aus Torre di Venere, aber auch zahlreiche ausländische Touristen haben sich eingefunden. Die einfachen Leute stehen, während die Vornehmen Sitzplätze haben.

Das Publikum kann man mit Fortschreiten des Abends immer mehr als eine Art kollektive Hauptfigur betrachten. Die meisten Zuschauer bleiben namenlos, als Zeichen ihrer Zugehörigkeit zur Masse und (vorübergehend) fehlenden Individualität, um so die Ausschaltung der Persönlichkeit in totalitären Verhältnissen darstellen zu können.

Einige Personen ragen aus der Masse hervor, weil sie versuchen, Cipollas Verführungskunst zu widerstehen. Um ihren

Wiedererkennungswert zu steigern, werden bestimmte Merkmale ihrer äußeren Erscheinung betont: Der Giovanotto ist der mit »der kriegerischen Haartracht« (S. 94), der junge Herr aus Rom der mit dem »stolz geschnittene[n] Gesicht« (S. 67) und der Colonnello der »schnurrbärtig stattliche[ ]« (S. 84). Aber keinem von ihnen gelingt es, den dämonischen Hypnotiseur in die Schranken zu weisen. Dazu reicht ihr bloßer ›Gegen-Wille‹ nicht aus. So sind am Ende alle Zuschauer Opfer des Zauberers – bis zur befreienden Tat Marios.

3 Gehalt

»Politisches ging um« – die Novelle vor dem Hintergrund von Faschismus und Nationalsozialismus

In der Novelle hat Thomas Mann schon 1930 eine genaue Diagnose des Lebens in der faschistischen Gesellschaft gegeben. Im Mittelpunkt des Geschehens steht im zweiten Teil die Verführergestalt des Zauberers Cipolla, der Menschen manipuliert und hinter Magie sein Begehren nach Herrschaft versteckt. Der historisch-politische Kontext legt die Parallele zu Benito Mussolini, der seit 1922 mit seinem faschistischen Regime Italien beherrschte, nahe: Mario beziehungsweise das Volk werden zur Marionette des Zauberers.

Aber es wäre zu einfach und zu einseitig, sähe man in dem facettenreichen Zauberer Cipolla nur eine Karikatur Mussolinis. Thomas Mann beabsichtigt wohl weniger eine politische Analyse des faschistischen Herrschaftssystems als vielmehr eine Darstellung der Auswirkungen eines totalitären gesellschaftlichen Klimas auf die Verhaltensweisen und Charakterentwicklungen von Menschen. Cipolla (ital. Zwiebel) wird vom Autor psychologisch analysiert, ähnlich wie man von einer Zwiebel eine Schale nach der anderen entfernt (vgl. Karthaus, S. 92).

Das Thema ist die Gefährdung durch das Irrationale, ein Massenphänomen, dem sich selbst der Erzähler nicht ganz entziehen kann. Seine Frau und er sind nicht unmittelbare Ziele der Verführung, verharren aber gelähmt in einer Mischung aus Faszination und Abscheu. Immer wird man schon ein wenig zum Mittäter, wenn man bei inhumanen Vorführungen nicht nur abgestoßen, sondern ein bisschen auch fasziniert ist. Thomas Mann deutete die Novelle rückwirkend als modellhafte »Warnung vor der Vergewaltigung durch das diktatorische Wesen« (*On Myself*, 1940, GW XIII, S. 167).

Besonders im ersten Teil bietet der Text ein bemerkenswertes Stimmungsbild der italienischen Gesellschaft zur Zeit des Faschismus Mitte der 1920er-Jahre. Die sichtbaren Auswirkungen des faschistischen Gedankenguts auf die Masse werden in ganz konkreten Situationen aufgezeigt: in der beleidigenden Behandlung der ausländischen Feriengäste im Hotel bei gleichzeitiger Bevorzugung der einheimischen Gäste, in der von übersteigertem Nationalgefühl und Prüderie getragenen Empörung über das nackte kleine deutsche Mädchen und im anmaßenden, boshaften und theatralischen Verhalten Fuggièros, der für den Erzähler zu den »Hauptträgern einer öffentlichen Stimmung« gehört, »die, schwer greifbar in der Luft liegend, uns einen so lieben Aufenthalt als nicht geheuer verleiden wollte« (S. 24).

Von Beginn an wird erzählerisch eine Verbindung zwischen dem Klima und der schlechten, von »Ärger, Gereiztheit, Überspannung« geprägten Stimmung, geschaffen, die »in der Luft« lag. »Die Erinnerung an Torre di Venere ist atmosphärisch unangenehm.« (S. 9) Der Grund dafür wird rasch klar: »Man verstand bald, daß Politisches umging, die Idee der Nation im Spiele war.« (S. 24)

Später, während seiner Vorstellung, gibt auch Cipolla immer wieder patriotische Bemerkungen zum Besten. Der Erzähler drückt sein Unbehagen über diesen überhitzten »Patriotismus und die reizbare Würde« des Zauberers aus: »die Landsleute des Cavaliere mochten sich bei alldem harmlos in ihrem Elemente fühlen und zu Späßen aufgelegt bleiben; den von außen Kommenden mutete die Mischung beklemmend an« (S. 64). Seine Frau und er versuchen den Kindern den übersteigerten Patriotismus der Einheimischen als eine Art Krankheit zu erklären: »Diese Leute, erklärten wir ihnen, machten soeben etwas durch, so einen Zustand, etwas wie eine Krankheit« (S. 25). Welche Ursachen aber hat diese Krankheit? Die Erklärung wird mit der Zauberer-Aufführung im zweiten Teil nachträglich geliefert.

Die Metapher der Krankheit diente Thomas Mann mehrfach zur Beschreibung der politischen Krise, so in seiner *Deutschen Ansprache* aus dem Jahr 1930: »Es heißt wohl zuviel verlangen, wenn man von einem wirtschaftlich kranken Volk ein gesundes politisches Denken fordert.« (GW XI, S. 872)

Über seine *Deutsche Ansprache. Ein Appell an die Vernunft* sagte er später, in der Rundfunksendung *Deutsche Hörer!* vom November 1941, dass er hier zum ersten Mal – »meine Natur überwindend [...] unter grölenden Unterbrechungen der Nazibuben« (GW XI, S. 1020) – ernsthaft in die politische Arena gestiegen sei.

Der »Nationalsozialismus« wird in der *Deutschen Ansprache* beim Namen genannt und an den Pranger gestellt: als »Massen-Gefühls-Überzeugung« (GW XI, S. 876). Es ist für Thomas Mann »nicht richtig, das Politische als ein reines Produkt des Wirtschaftlichen hinzustellen« (GW XI, S. 874). Er möchte Politisches tiefer verstehen und auf seine geistigen Grundlagen zurückführen: »auf jener *geistigen* Ebene möchte ich mich mit Ihnen finden« (GW XI, S. 873). Auf eine Rundfrage der Kopenhagener Zeitung *Politiken* antwortete er 1924: »Krieg und Revolution haben mich in der Überzeugung befestigt, daß die Frage des Menschen nie und nimmer politisch, sondern nur seelisch-moralisch zu lösen ist.« Thomas Mann führt damit jeden gesellschaftlichen Konflikt auf individuelle Prädispositionen (Anlagen und Empfänglichkeiten) zurück und ist – ganz im Sinne von Schillers Abhandlung *Über die ästhetische Erziehung des Menschen, in einer Reihe von Briefen* (1795) – überzeugt, »daß alle Reform nicht bei Regierungsformen und Konstitutionen, sondern bei dem einzelnen Menschen anfangen muß; daß, mit einem Worte, auch die politische Frage eine Frage der Erziehung ist« (GW XIII, S. 570).

Thomas Manns öffentliche Stellungnahmen aus den Jahren 1922 bis 1932 beziehen eindeutig Position gegen Tendenzen, die für den Nationalsozialismus charakteristisch waren. Was variiert, ist der Grad der Deutlichkeit. Aber man darf wohl annehmen, dass seinen Zeitgenossen schon Anspielungen genügten. In seiner *Deutschen Ansprache* finden sich gehäuft Ausdrücke der Verachtung für den Nationalsozialismus. Besonders prangert Thomas Mann an, dass »die Idee der Freiheit zum bourgeoisen Gerümpel geworden sei«; er wendet sich gegen die nationalsozialistische »Losbändigkeit der Instinkte«, ihre »Verwilderung« und »Diktatur der Gewalt« (GW XI, S. 879). Den Ausdruck ›Faschismus‹ verwendet Thomas Mann für eine internationale Erscheinung im Europa der Zwanziger- und Dreißigerjahre. Der deutsche Nationalsozialismus ist für ihn zu der Zeit eine Variation dieses internationalen Faschismus.

Sicher nicht zufällig wird in *Mario und der Zauberer* die Schauspielerin Eleonora Duse (1858–1924) erwähnt, nach der Signora Angiolieri ihre Pension benannt hat; sie war zwischen 1894 und 1904 die Geliebte von Gabriele d'Annunzio (1863–1938), einem später dem Faschismus nahestehenden Dichter.

Cipolla sagt selbst, dass sein Auftritt auch eine politische Komponente besitze. So verweist er ausdrücklich auf seine guten Kontakte nach Rom und zeigt Mario den römischen Gruß, den Gruß der Faschisten, den auch die Nationalsozialisten übernommen haben: »Und er streckte Arm und flache Hand aus seiner schiefen Schulter zum römischen Gruß schräg aufwärts.« (S. 98) Rolf Füllmann zeigt überdies, dass Thomas Manns Hypnotiseur das Äußere des Duce nachahmt: »Durch einige Attribute, einen staatsmännischen schwarzen Gehrock und eine Reitpeitsche, verweist diese Gestalt über die Sphäre reiner Massenpsychologie hinaus ins Politische. [...] Schließlich präsentierte sich der italienische Diktator Mussolini gerade in den 1920er Jahren mit diesen Requisiten, beispielsweise in einer Fotoserie der *Berliner Illustrierten Zeitung*.« (Füllmann, S. 128 f.) Mit einer Reitpeitsche ließ sich auch Hitler in den 1920er-Jahren gern fotografieren.

Dass Cipolla sich überdies auch innerlich mit dem Duce identifiziert, zeigen seine Ausführungen über das Prinzip von »Befehlen und Gehorchen«: »der eine Gedanke sei in dem anderen einbegriffen, wie Volk und Führer ineinander einbegriffen seien [...]« (S. 71). Mit diesen Worten formuliert Cipolla die klassische Ideologie des Führerprinzips in diktatorischen Staaten.

Bei der Interaktion zwischen Cipolla und dem Publikum schließlich handelt es sich um eine wechselseitige Beziehung. Cipollas anmaßendes Auftreten provoziert Widerstand. Es gibt auch Versuche verschiedener Personen, mit dem eigenen Willen gegen Cipolla zu bestehen. Am Ende aber gehen die Zuschauer im Gemeinschaftstanz auf. Das liegt nicht nur an Cipollas meisterhafter, von patriotischen Anspielungen durchsetzter Rhetorik, seiner Verführungskunst und Hypnose, sondern auch an der Bereitschaft vieler Menschen, sich zu willenlosen Opfern machen zu lassen.

Die Erzählung lässt sich vor dem Hintergrund der Erfahrungen mit dem italienischen Faschismus, die in den Text eingegangen sind, als Warnung Thomas Manns vor dem erstarkenden Nationalsozialismus in Deutschland verstehen. Aus dem schlichten Urlaubserlebnis der Zauberervorführung wurde auf diese Weise ein komplexer symbolischer Vorgang: Die Novelle bekam einen politischen Gehalt.

Cipolla ein Künstler?

Mario und der Zauberer lässt sich auch als eine Variation der für Thomas Manns Werk typischen Künstlerproblematik lesen. Thomas Manns Politikverständnis war stark von seiner Künstlerpsychologie geprägt. Dies zeigt kein Text deutlicher als *Bruder Hitler* (geschrieben 1938, erschienen 1939), in dem der Diktator als Degeneration des Künstlers interpretiert wird und der deshalb ein aufschlussreiches Seitenstück zur Erzählung *Mario und der Zauberer* bildet, in der zwischen Cipolla und dem Erzähler ein ähnliches Verhältnis von Komplizenschaft und Konkurrenz besteht wie zwischen Hitler und dem Künstler im Essay (vgl. ED, S. 66).

Zur Aufgabe des Künstlers sagt Thomas Mann in seinem Aufsatz *Bilse und ich* (1906): »Der Künstler [...] will erkennen und gestalten: tief erkennen und schön gestalten; und das geduldige und stolze Ertragen der Schmerzen, die von beidem unzertrennlich sind, gibt seinem Leben die sittliche Weihe.« (GW X, S. 19) Damit sind die beiden Hauptaufgaben bezeichnet, die Thomas Mann dem Künstler zuschreibt; und die Schwierigkeiten, die sich aus dem Postulat ergeben können, sind angedeutet. Nicht nur das Gestalten erlebt der Künstler als Schmerz, sondern auch »die Erkenntnis, jene künstlerische Erkenntnis, die man gemeinhin als ›Beobachtung‹ bezeichnet« (ebenda). Unter dem Einfluss Nietzsches gewöhnte sich Thomas Mann daran, »den Begriff des Künstlers mit dem des Erkennenden zusammenfließen zu lassen« (ebenda, S. 18 f.). Tonio Kröger beklagt, »daß ich es oft sterbensmüde bin, das Menschliche darzustellen, ohne am Menschlichen teilzuhaben ... « (GW VIII, S. 296). Die Helden des frühen Erzählwerks verkörpern ganz unterschiedliche Möglichkeiten des Künstlertums; die Spannweite der Künstlertypen reicht von Dilettanten wie dem Bajazzo in der gleichnamigen Erzählung von 1897 bis hin zum Leistungsethiker Gustav von Aschenbach im *Tod in Venedig* (1912). Für Thomas Manns gesamtes Werk und besonders für die Auseinandersetzung mit der Problematik des Künstlertums ist der Antagonismus von Kunst und Leben wesentlich. Die Künstlergestalten des Frühwerks führen oft, wie etwa Tonio Kröger, eine Existenz zwischen zwei Welten, die durch die Extrempole Kunst und Leben bestimmt sind. Diesem Gegensatzpaar lassen sich andere Begriffe zuordnen, sodass man folgendes Antithesenschema (vgl. Kurzke, S. 379 f.) bilden kann, das auf vereinfachende Weise zeigt, welche Gegensätze nach Thomas Mann »Kunst« und »Leben« bestimmen.

Kunst	**Leben**
Künstlertum	Bürgerlichkeit
Zigeunertum, Libertinage	Lebensbürgerlichkeit, Treue
Homoerotik	Ehe
Ästhetik	Ethik, Moral
Tod	Leben
Individuum	Gesellschaft, Gemeinschaft
Verantwortungslosigkeit	Lebensbefehl
Pessimismus	Lebensgutwilligkeit, Bravheit
(Orgiastische) Freiheit	Gebundenheit, Pflicht

Adolf Hitler in dramatisch inszenierter Rednerpose, aufgenommen im Jahre 1926 von Heinrich Hoffmann.

Thomas Manns besonderes Interesse an Hitler rührt daher, dass er ihn als gescheiterten Künstler wahrnimmt. Im April 1938, als »der Führer« den Höhepunkt seiner Popularität sowie seines internationalen Ansehens als Staatsmann erreicht hatte, schrieb Thomas Mann einen kleinen Essay mit dem befremdlichen Titel *Bruder Hitler*. In diesem Aufsatz ist der Blick auf Hitler von – mit bösem Spott untermischtem – Interesse und nicht wie in den Rundfunkreden *Deutsche Hörer!* von Hass geleitet: »Der Bursche ist eine Katastrophe; das ist kein Grund, ihn als Charakter und Schicksal nicht interessant zu finden.« (GW XII, S. 846) Thomas Mann fragt provozierend: »[…] muß man nicht, ob man will oder nicht, in dem Phänomen eine Erscheinungsform des Künstlertums wiedererkennen?« (GW XII, S. 848) Anders gesagt: Liegt nicht dem Bedürfnis des Diktators und dem Bedürfnis des Künstlers, sich die Menge zu unterwerfen, das gleiche Ressentiment zugrunde?

Der Bursche [Hitler] ist eine Katastrophe; das ist kein Grund, ihn als Charakter und Schicksal nicht interessant zu finden. Wie die Umstände es fügen, daß das unergründliche Ressentiment, die tief schwärende Rachsucht des Untauglichen, Unmöglichen, zehnfach Gescheiterten, des extrem faulen, zu keiner Arbeit fähigen Dauer-Asylisten und abgewiesenen Viertelskünstlers, des ganz und gar Schlechtweggekommenen sich mit den (viel weniger berechtigten) Minderwertigkeitsgefühlen eines geschlagenen Volkes verbindet, welches mit seiner Niederlage das Rechte nicht anzufangen weiß und nur auf die Wiederherstellung seiner ›Ehre‹ sinnt; wie er, der nichts gelernt hat, aus vagem und störrischem Hochmut nie etwas hat lernen wollen, der auch rein technisch und physisch nichts kann, was Männer können, kein Pferd reiten, kein Automobil oder Flugzeug lenken, nicht einmal ein Kind zeugen, das eine ausbildet, was not tut, um jene Verbindung herzustellen: eine unsäglich inferiore, aber massenwirksame Beredsamkeit, dies platt hysterisch und komödiantisch geartete Werkzeug, womit er in der Wunde des Volkes wühlt, es durch die Verkündigung seiner beleidigten Größe rührt, es mit Verheißungen betäubt und aus dem nationalen Gemütsleiden das Vehikel seiner Größe, seines Aufstiegs zu traumhaften Höhen, zu unumschränkter Macht, zu ungeheueren Genugtuungen und Über-Genugtuungen macht – zu solcher Glorie und schrecklichen Heiligkeit, daß jeder, der sich früher einmal an dem Geringen, dem Unscheinbaren, dem Unerkannten versündigt, ein Kind des Todes, und zwar eines möglichst scheußlichen, erniedrigenden Todes, ein Kind der Hölle ist ... [...], aber muß man nicht, ob man will oder nicht, in dem Phänomen eine Erscheinungsform des Künstlertums wiedererkennen? Es ist, auf eine gewisse beschämende Weise, alles da: die ›Schwierigkeit‹, Faulheit und klägliche Undefinierbarkeit der Frühe, das Nichtunterzubringensein, das Was-willst-du-nun-eigentlich?, das halb blöde Hinvegetieren in tiefster sozialer und seelischer Boheme, das im Grunde hochmütige, im Grunde sich für zu gut haltende Abweisen jeder vernünftigen und ehrenwerten Tätigkeit – auf Grund wovon? Auf Grund einer dumpfen Ahnung, vorbehalten zu sein für etwas ganz Unbestimmbares, bei dessen Nennung, wenn es zu nennen wäre, die Menschen in Gelächter ausbrechen würden. Dazu das schlechte Gewissen, das Schuldgefühl, die Wut auf die Welt, der revolutionäre Instinkt, die unterbewußte Ansammlung explosiver Kompensationswünsche, das zäh arbeitende Bedürfnis, sich zu rechtfertigen, zu beweisen, der Drang zur Überwältigung, Unterwerfung, der Traum, eine in Angst, Liebe, Bewunderung, Scham vergehende Welt zu den Füßen des einst Verschmähten zu sehen ... [...].

Thomas Mann, »Bruder Hitler« (GW XII, S. 846 f. und 848)

Der Geltungswille Hitlers gründet demnach in ganz ähnlichen psychologischen Voraussetzungen wie der des Künstlers. Jedoch ist Hitler natürlich kein Künstler im emphatischen, positiv besetzten Sinn. Die Schlüsselvokabel zur Abgrenzung der beiden ungleichen Brüder lautet in Thomas Manns Essay ›Verhunzung‹. Hitler ist ein Künstler auf der Stufe der Verhunzung. »[U]nserer Zeit«, so Thomas Mann, »gelang es, so vieles zu verhunzen: Das Nationale, den Sozialismus – den Mythos, die Lebensphilosophie, das Irrationale, den Glauben, die Jugend, die Revolution und was nicht noch alles. Nun denn, sie brachte uns auch die Verhunzung des großen Mannes. Wir müssen uns mit dem historischen Lose abfinden, das Genie auf dieser Stufe seiner Offenbarungsmöglichkeit zu erleben.« (GW XII, S. 852)

Zehn Jahre vor dieser bitter-sarkastischen Diagnose hat Thomas Mann Cipolla in seiner Erzählung, die vor dem Faschismus warnt, als verhunzten Künstler beschrieben. Bereits hier erscheint der Diktator als Komödiant, wild gestikulierend, schreiend, sich Taschenspieler-Tricks bedienend. Was Cipolla und Hitler verbindet – der ja Ende der Zwanzigerjahre als »Trommler« der nationalsozialistischen Bewegung bereits seit Jahren eine der auffälligsten Gestalten der politischen Szene in Deutschland war –, ist die gleiche »Unersättlichkeit des Kompensations- und Selbstverherrlichungstriebes« wie auch »der Drang zur Überwältigung [und] Unterwerfung« (GW XII, S. 849 und 848).

Auch wenn *Mario und der Zauberer* keine reine Künstlernovelle ist wie etwa *Der Tod in Venedig*, lassen sich Querverbindungen aufzeigen, die von Cipolla zu anderen Künstlern und Halbkünstlern bei Thomas Mann führen. Cipollas Aussehen, seine Verwachsenheit, die er durch große Willensanspannung auszugleichen versucht, seine Angewiesenheit auf Nikotin und Alkohol, um trotz nachlassender Vitalität seinen Energielevel halten zu können, und die Art seiner Kleidung verbinden ihn mit den dekadenten Künstlerfiguren, die Thomas Manns erzählerisches Frühwerk bevölkern. Zur Kompensation der körperlichen Gebrechlichkeit konzentriert sich Cipolla auf seine Fähigkeiten als Hypnotiseur, Rhetor und Menschenverführer und tritt dabei arrogant und sich selbst über alle Maßen lobend auf. Er findet den Beifall des Publikums und des Erzählers, der überdies »eine gewisse kollegiale Ansprechbarkeit auf die Täuschungsstrategien dieses Zauberers, ein unverkennbares Eingeweihtsein in das Metier, die Mittel und Wirkungen des Hypnotiseurs« offenbart (zitiert nach Vaget, S. 228).

Das mit einer gewissen Faszination einhergehende Interesse des Erzählers an Cipolla hängt im Übrigen wohl auch mit dem okkulten Charakter mancher seiner Darbietungen zusammen. Dieser okkultistische Einschlag zeigt sich bei den »Gesellschaftsspielen«, die auf »Intuition und ›magnetischer‹

Übertragung« (S. 69) beruhen. Der Erzähler vermerkt dazu, den Leser einbeziehend, jeder habe »seine kleinen, neugierig-verächtlichen und kopfschüttelnden Einblicke in den zweideutig-unsauberen und unentwirrbaren Charakter des Okkulten getan, das in der Menschlichkeit seiner Träger immer dazu neigt, sich mit Humbug und nachhelfender Mogelei vexatorisch zu vermischen [...]« (S. 69 f.). Um die Jahreswende 1922/1923 nahm Thomas Mann im Münchner Haus des Hypnoseforschers, Neurologen und Parapsychologen Albert Freiherr von Schrenck-Notzing (1862–1929) an drei okkultistischen Sitzungen teil. Diese Erlebnisse gingen in das zur gleichen Zeit entstandene Kapitel »Fragwürdigstes« des Romans *Der Zauberberg* ein. Außerdem bildeten sie die Grundlage für den Text *Okkulte Erlebnisse* (1924), der zu Thomas Manns beliebtesten Publikumsvorträgen gehörte. Hier wie dort ließ Thomas Mann, bei aller Ironie, offen, wie er das Erlebte tatsächlich bewertete und welchen Wahrheitsgehalt er ihm zubilligte.

Cipolla wird im Verlauf der Erzählung vom Taschenspieler zum Gaukler und schließlich zum Hypnotiseur erhoben, dem es durch seine Verführungskünste gelingt, sich die Zuschauer zu unterwerfen. Cipolla schafft es, der Masse ihren Willen zu entziehen und ihr seinen Willen aufzuzwingen. Der unter Vorspiegelung falscher Tatsachen als Geschicklichkeitskünstler angekündigte Hypnotiseur wird zum Diktator. Die Schilderung des Veranstaltungsabends wird so zur Beschreibung der faschistischen Demagogie. Cipolla gelingt es, die Menge in einen Rausch zu versetzen; er hypnotisiert das Publikum, beraubt seine Zuschauer ihrer Individualität und formt sie zu willenlosen Elementen einer opferbereiten Masse um. Thomas Mann sagt in *Sechzehn Jahre. Zur amerikanischen Ausgabe von ›Joseph und seine Brüder‹ in einem Bande* (1948), was er in *Mario und der Zauberer* demonstrieren wollte: Nichts anderes als die »Psychologie des Faschismus« (GW XI, S. 672).

Cipolla und sein Publikum – (Ver-)Führer und Masse

Politische Lesart und Künstlerthematik treffen sich auf einer Ebene, die ins Zentrum der Erzählung führt und beide Themen miteinander verbindet: Es geht um das Verhältnis von ›Masse‹ und ›Führer‹. Dies ist der neue Aspekt, den Thomas Mann hier seinem alten Künstlerthema abgewinnt und der es ihm ermöglicht, gleichzeitig erzählerisch Stellung zum dringlichsten politischen Thema der Zwanzigerjahre, zum Aufkommen des Faschismus zu beziehen.

Bei der Kartenspiel-Zauberei belehrt Cipolla den jungen Mann aus Rom, der sich seinem Willen nicht unterwerfen will: »Die Freiheit existiert, und auch der Wille existiert; aber die Willensfreiheit existiert nicht, denn ein Wille, der sich auf seine Freiheit richtet, stößt ins Leere.« (S. 67) Cipolla klärt seine Zuschauer im Sinne der Willenslehre Schopenhauers über die Scheinhaftigkeit ihrer Überzeugung auf, über ein souveränes Ich und einen freien Willen zu verfügen.

Schopenhauers Willensmetaphysik brachte Thomas Mann in Zusammenhang mit der Triebpsychologie Sigmund Freuds (1856–1939). Freud unterscheidet in seinem sogenannten ›Drei-Instanzen-Modell der Psyche‹, vereinfacht gesagt, folgende Persönlichkeitsanteile einer Person: das ›Es‹, das ›Ich‹ und das ›Über-Ich‹. Während das von Geburt an vorhandene und unbewusst nach dem Lustprinzip arbeitende ›Es‹ den Bereich der Triebwünsche bezeichnet – es gibt im ›Es‹ kein Gut und Böse –, stellt das ›Über-Ich‹ die Moral und das Gewissen des Individuums dar. Das ›Ich‹ ist der bewusste und auf die Realität gerichtete Anteil der Person, sozusagen der Vermittler zwischen den Trieben (dem ›Es‹) und dem Gewissen (dem ›Über-Ich‹). Thomas Mann identifizierte Freuds ›Ich‹ mit Schopenhauers ›Vorstellung‹ und Freuds ›Es‹ mit Schopenhauers ›Wille‹ und entwickelte daraus sein Verständnis der Massenpsychologie (vgl. ED, S. 49).

An Paul Amann schrieb Thomas Mann gegen Ende des Ersten Weltkriegs: »Als Schopenhauerianer bin ich überzeugt von der metaphysischen Freiheit des Willens – und seiner empirischen Unfreiheit.« (Brief vom 25. März 1917) Diese Unterscheidung zwischen der theoretischen Freiheit des Willens und seiner praktischen Unfreiheit bezeichnet er in den *Betrachtungen eines Unpolitischen* (1918) als »tiefste[n] Gedanke[n], den ich je nachdenken konnte, oder vielmehr: er gehört zu denen, die ich nachgedacht hatte, bevor er mir ausdrücklich [von Schopenhauer] vorgedacht worden, bevor ich ihn gelesen hatte« (GW XII, S. 133).

Freud bezog sich in seiner Schrift *Massenpsychologie und Ich-Analyse* (1921) auf das Hauptwerk des französischen Soziologen Gustave Le Bon (1841–1931), die *Psychologie der Massen* (1895, deutsch 1908). Le Bon beschäftigte vorwiegend die Beeinflussbarkeit des Einzelnen in der Masse. Ob Thomas Mann Le Bons Werk kannte, ist nicht bekannt. Man kann aber Le Bons Beschreibung der Eigenschaften einer Masse als vorgreifenden Kommentar zu Thomas Manns Schilderung von Cipollas Auftritt sehen:

> Unter bestimmten Umständen […] besitzt eine Versammlung von Menschen neue, von den Eigenschaften der Einzelnen, die diese Gesellschaft bilden, ganz verschiedene Eigentümlichkeiten. Die bewußte Persönlichkeit schwindet, die Gefühle und Gedanken aller Einzelnen sind nach derselben Richtung orientiert. […] Die Gesamtheit ist nun das geworden, was ich mangels eines besseren Ausdrucks als organisierte Masse oder, wenn man lieber will, als psychologische Masse bezeichnen werde. Sie bildet ein einziges Wesen und unterliegt dem *Gesetz der seelischen Einheit der Massen.* […]. / Das Überraschendste an einer

> psychologischen Masse ist: welcher Art auch die Einzelnen sein mögen, die sie bilden, wie ähnlich oder unähnlich ihre Lebensweise, Beschäftigungen, ihr Charakter oder ihre Intelligenz ist, durch den bloßen Umstand ihrer Umformung zu Masse besitzen sie eine Art Gemeinschaftsseele, vermöge deren sie in ganz andrer Weise fühlen, denken und handeln, als jedes von ihnen für sich fühlen, denken und handeln würde. Es gibt gewisse Ideen und Gefühle, die nur bei den zu Massen verbundenen Einzelnen auftreten oder sich in Handlungen umsetzen. (Zitiert nach ED, S. 50 f.)

Für Le Bon gehört die Hypnose als konstitutiver Bestandteil zur Bildung einer Masse: Genau dieser Vorgang wird im

---

Wir wissen heute, daß ein Mensch in einen Zustand versetzt werden kann, der ihn seiner bewußten Persönlichkeit beraubt und ihn allen Einflüssen des Hypnotiseurs, der ihm sein Bewußtsein genommen hat, gehorchen und Handlungen begehen läßt, die zu seinem Charakter und seinen Gewohnheiten in schärfstem Gegensatz stehen. Sorgfältige Beobachtungen scheinen nun zu beweisen, daß ein Einzelner, der lange Zeit im Schoße einer wirkenden Masse eingebettet war, sich alsbald [...] in einem besonderen Zustand befindet, der sich sehr der Verzauberung nähert, die den Hypnotisierten unter dem Einfluß des Hynotiseurs überkommt. Da das Verstandesleben des Hypnotisierten lahmgelegt ist, wird er der Sklave seiner unbewußten Kräfte, die der Hypnotiseur nach seinem Belieben lenkt. [...] / [...] Die Einzelnen in einer Masse, die eine hinreichend starke Persönlichkeit haben, um dem Einfluß zu widerstehen, sind in zu geringer Anzahl vorhanden, und der Strom reißt sie mit.

Gustave Le Bon, Psychologie der Massen, zitiert nach ED, S. 52 f.

Auftritt Cipollas geschildert, von dem der Erzähler zu Beginn des zweiten Vorstellungsteils sagt: »Dieser selbstbewußte Verwachsene war der stärkste Hypnotiseur, der mir in meinem Leben vorgekommen.« (S. 80) Dem Erzähler ist klar, was folgen wird: »die Demonstration der Willensentziehung und -aufnötigung« (S. 80). Cipolla entwürdigt Personen, die sich freiwillig zur Verfügung stellen.

Das mit der Hypnose einhergehende ethische Problem ist dasjenige der Willensfreiheit. Denn das Kernstück des hypnotischen Verfahrens ist die Einpflanzung eines fremden Willens. Damit verbunden ist die Frage nach der Widerstandskraft des Individuums. Die Figuren, die sich in der Erzählung Cipolla widersetzen wollen, scheitern.

Am jungen Herrn aus Rom wird besonders anschaulich demonstriert, dass man dem Zauberer nicht ohne ein konkretes Widerstandskonzept widerstehen kann. So unterliegt »dieser Herr der Negativität seiner Kampfposition« (S. 91). Friederike Eigler gibt zu bedenken, Thomas Mann habe darauf verzichtet, die hypnotischen Kräfte Cipollas für dessen Publikum wie für den Leser durchschaubar zu machen, sodass ein konkretes Widerstandskonzept gar nicht erst entstehen könne. Für Eigler zeigt sich darin die repräsentative Zeitgenossenschaft Thomas Manns, der sich als geistiger Kritiker seiner Zeit im Grunde in einer ähnlich hilflosen Situation befunden habe wie der junge Römer. Dieses historische Phänomen, das Unvermögen, die Bedingungen für den Erfolg der Nationalsozialisten zu verstehen, sei in der Erzählung übersetzt in die Erzählhaltung (vgl. Eigler, S. 178).

Cipolla erklärt dem Giovanotto, »das Wollen und das Tun« (S. 44) sei zweierlei und folge jeweils anderen Gesetzen. In Freuds Begrifflichkeit würde das bloße »Tun« seine Motivation nicht aus dem ›Über-Ich‹, sondern aus dem ›Es‹, dem an Bedürfnisbefriedigung ausgerichteten Unbewussten, beziehen. Demgemäß agiert der Giovanotto mit dem Herausstrecken seiner Zunge seine normalerweise verborgenen, auch sexuellen Impulse aus. Vom Zauberer provoziert und ermutigt, fallen bei ihm die Schranken zivilisierten Verhaltens.

An mehreren Textstellen wird die Wechselbeziehung von Zauberer und Publikum, von Führer und Masse zum Ausdruck gebracht, so etwa gleich zu Beginn der Vorstellung: »Das Publikum beobachtete ihn so scharf, wie es sich von ihm durchmustert sah.« (S. 41) Am deutlichsten aber wird diese Beziehung in einer Art von massenpsychologischem Exkurs, den Cipolla im Rahmen der »Gesellschaftsspiele« vorträgt:

> Die Rollen schienen vertauscht, der Strom ging in umgekehrter Richtung, und der Künstler wies in immer fließender Rede ausdrücklich darauf hin. Der leidende, empfangende, der ausführende Teil, dessen Wille ausgeschaltet war, und der einen stummen in der Luft liegenden Gemeinschaftswillen vollführte, war nun er, der solange gewollt und befohlen hatte; aber er betonte, daß es auf eins hinauslaufe. Die Fähigkeit, sagte er, sich seiner selbst zu entäußern, zum Werkzeug zu werden, im unbedingtesten und vollkommensten Sinne zu gehorchen, sei nur die Kehrseite jener anderen, zu wollen und zu befehlen; es sei ein und dieselbe Fähigkeit; Befehlen und Gehorchen, sie bildeten zusammen nur ein Prinzip, eine unauflösliche Einheit; wer zu gehorchen wisse, der wisse auch zu befehlen, und ebenso umgekehrt; der eine Gedanke sei in dem anderen einbegriffen, wie Volk und Führer ineinander einbegriffen seien, aber die Leistung, die äußerst strenge und aufreibende Leistung, sei jedenfalls seine, des Führers und Veranstalters, in welchem der Wille Gehorsam, der Gehorsam Wille werde, dessen Person die Geburtsstätte beider sei, und der es also sehr schwer habe. (S. 70 f.)

Valentina Chico als Silvestra, Klaus Maria Brandauer als Cipolla und Pavel Greco als Mario in »Mario und der Zauberer« (1994).

Der Gedanke, dass »Volk und Führer ineinander einbegriffen« seien wie »Befehlen und Gehorchen«, bildet den Kern der Ideologie des Führerprinzips in diktatorischen Staaten. Führerwille und Massenstimmung befinden sich in einem Wechselbezug. Dies wird von Thomas Mann unmittelbar erzählend veranschaulicht. Le Bon erklärt in diesem Zusammenhang, sobald eine bestimmte Anzahl von Menschen zusammen sei, unterstellten sich diese unwillkürlich einem Oberhaupt, einem Führer. Sein Wille sei der Kern, um den sich die Anschauungen der zur Masse verschmolzenen Menschen bildeten. Die Menge der Menschen höre immer auf denjenigen, der über einen starken Willen verfüge und von dessen Worten eine große suggestive Kraft ausgehe.

Am deutlichsten wird der Verlust der rationalen Kontrolle, die das Individuum normalerweise ausübt, das wonnevolle Aufgehen in der Masse im Kollektivtanz, in der Tanzorgie am Schluss der Erzählung. Gleich der erste Steptänzer bietet »ein

Musterbeispiel prompter Entseelung und Willenlosigkeit« (S. 88), also der Entindividualisierung in der Masse.

Aber am Ende macht Cipolla mit der erotischen Verführung Marios, dem er vortäuscht, Silvestra zu sein, eine nach Freud wichtige Voraussetzung seiner Machtstellung selbst zunichte. Die Vorspiegelung, als Führer alle Glieder der Masse gleichermaßen zu lieben, wird durch die Bevorzugung Marios zerstört. Mit dem Tod Cipollas geht die Auflösung der Masse einher: »Der Tumult war grenzenlos.« (S. 107)

Die geistige Verfassung des Kontinents wird von Thomas Mann in *Achtung, Europa!* – einem für die im April 1935 in Nizza abgehaltene Tagung des ›Comité de Coopération Intellectuelle‹ verfassten Beitrag – folgendermaßen beschrieben: »Heute hat man sich überzeugt, daß es sowohl wichtiger wie auch leichter ist, sie [die Masse] zu *beherrschen*, indem man immer vollkommener die plumpe Kunst ausbildet, auf ihrer Psychologie zu spielen […].« (GW XII, S. 772) Dem Einzelnen biete sich im Gefühlsrausch der Masse die Befreiung von der Verantwortung für das eigene Tun. »Der Zweck, auf den es ankommt, ist der Rausch, die Befreiung vom Ich, vom Denken, genaugenommen vom Sittlichen und Vernünftigen überhaupt« (GW XII, S. 769). Dass sich diese psychologische Erläuterung der »kollektivistische[n] Lebensmode« (ebenda) auf die nationalsozialistischen (faschistischen) Massenkundgebungen bezog, war so offensichtlich, dass es nicht eigens ausgesprochen zu werden brauchte. Als öffentlicher Redner verteidigte Thomas Mann die durch den Massenrausch bedrohte Würde des Einzelnen, wie er es zuvor bereits in anderen couragierten Stellungnahmen und in seiner politischen Parabel *Mario und der Zauberer* getan hatte.

IV. Exemplarische Interpretationen

1 Wie läuft die hypnotische Verzauberung Marios durch Cipolla ab?

Bei dieser Szene handelt es sich um die letzte Vorführung Cipollas an seinem Zauberabend. Mario wird zu Beginn der Erzählung nur kurz erwähnt und erst am Schluss zu einer Hauptfigur. Am Abend der Vorstellung gehört er zunächst einfach zum Publikum wie die Erzählerfamilie und die übrigen Zuschauer auch. Dem Erzähler scheint es so, als habe Mario die bisherigen Vorführungen zwar aufmerksam verfolgt, ohne sich aber besonders dabei zu amüsieren. Als ihn der Zauberer zu sich winkt, zögert Mario kurz und geht dann mit einem zweifelnden Lächeln auf den Lippen folgsam auf die Bühne, wo er auf Weisung Cipollas ganz nah an ihn herantritt. Der Zauberer stellt ihn dann so hin, dass die Zuschauer Marios Gesicht sehen können. Mario wirkt in seiner träumerischen Art schüchtern und unsicher, ganz im Gegensatz zum arroganten Cipolla, der sich auf dem Höhepunkt seiner Macht wähnt. Mario ordnet sich Cipolla ganz unter und hat auch der Sprachmächtigkeit Cipollas nichts entgegenzusetzen. So spricht Mario leise und in kurzen Sätzen, etwa wenn er auf Cipollas Frage nach seinem Namen antwortet: »Mario heiße ich.« (S. 98)

Bevor es zur eigentlichen Hypnose kommt, fragt Cipolla Mario aus. Er bringt Sympathie zum Ausdruck, wenn er ihn als »raggazzo mio« (S. 97; »mein Junge«) anspricht. Es kommt aber kaum zu einem Dialog. Vielmehr monologisiert Cipolla, wie schon den ganzen Abend, indem er über Marios Namen parliert und ihn mit einer homorerotischen Anspielung als Ganymed bezeichnet, also als Mundschenk und Liebhaber des Göttervaters Zeus. Auf Cipollas Vermutung, Mario habe

Liebeskummer, reagiert der junge Kellner abweisend, was der Giovanotto mit einem höhnischen Lachen quittiert. In das von ihm vermutete unglückliche Verliebtsein Marios in ein junges Mädchen projiziert Cipolla wohl sein eigenes unglückliches Verliebtsein in junge Männer. Als Mario von der Bühne flüchten möchte, gelingt es Cipolla im letzten Moment, ihn daran zu hindern, sodass er Mario wie geplant am Ende des Abends als Höhepunkt der Veranstaltung vorführen kann. Dann erfährt Cipolla durch den Giovanotto, der sich für dasselbe Mädchen zu interessieren scheint, den Namen von Marios Angebeteter: Silvestra. So stellt sich die Situation vor Marios Verzauberung dar.

Jetzt beginnt der Zauberer mit der Hypnose Marios. Die Ausgangssituation scheint dieselbe wie bei den »Gesellschaftsspielen«: Der Zauberer ist wieder der »empfangende [...] Teil« (S. 71) im »Strom« (S. 70) der hin und her fließenden Willensenergie. Mario scheint alles um sich herum vergessen zu haben, er hat unnatürliche Rötungen um die Augen und seine »dicken Lippen« (S. 103), die seinem Aussehen »zusammen mit der Verhülltheit der Augen« eine »primitive Schwermut« (S. 95 f.) verleihen, stehen offen. Die Zuschauer sehen, dass Mario den Zauberer »mit vorgeschobenem Kopfe« (S. 102) anstarrt, in einer wohl der Hypnose geschuldeten Körperhaltung. Cipolla philosophiert über die Liebe und die ihr innewohnenden »Mißverständnisse« (S. 103) und thematisiert in dem Zusammenhang sein eigenes Zurückgesetztsein aufgrund »seine[s] kleinen Leibesschaden[s]« (S. 103), sein Wissen und indirekt seine Bedürftigkeit in dieser Hinsicht. Er spricht von sich in der dritten Person und leitet über zu Silvestra: »Aber lassen wir den Cipolla, lassen wir ihn ganz aus dem Spiel, und denken wir nur an Silvestra, deine reizende Silvestra!« (S. 103) Diese raffinierte Gesprächsführung treibt Cipol-

»Mario und der Zauberer« als Puppenspiel von Sebastian Kautz (Bremer Shakespeare Company): Sebastian Kautz als Puppenspieler und Erzähler mit den Puppen Mario und Cipolla. Premierenvorstellung im Theater am Leibnizplatz Bremen am 12. Mai 2011.

la noch weiter, indem er dem in Trance befindlichen Jungen vorgaukelt, Silvestra stünde vor ihm; er selbst, Cipolla, sei also Silvestra. Unangenehm berührt und voll Mitgefühl betrachtet der Erzähler die Szene und die Veränderung, die mit Mario im Zuge dieser »Preisgabe des Innigsten« (S. 104) vor sich geht. Auf die Frage Cipollas, wer er (Cipolla) sei, antwortet Mario ergriffen und aus tiefster Seele: Silvestra! Aber damit lässt es der Zauberer nicht gut sein. Er treibt die Hypnose auf die Spitze, indem er Mario auffordert, ihn nahe dem Mund auf die Wange zu küssen; und Mario, der glaubt, Silvestra vor sich zu haben, kommt dem Befehl nach und küsst Cipolla. Der Erzähler ist auch in der zeitlichen Distanz seiner Schilderung emotional noch sehr berührt von der Szene. Er bezeichnet den Moment als »ungeheuerlich und spannend« (S. 105). Im Saal ist es still geworden in diesem »Augenblick von Marios Seligkeit« (S. 105). Das Einzige, was direkt nach dem Kuss, dieser

»traurigen und skurrilen Vereinigung von Marios Lippen mit dem abscheulichen Fleisch, das sich seiner Zärtlichkeit unterschob« (S. 105), zu hören ist, ist das Lachen des Giovanotto. Dem Erzähler scheint in diesem Lachen nicht nur Schadenfreude, sondern auch Anteilnahme mitzuschwingen.

Der Zauberer hat die Grenze des Persönlichsten überschritten und ist in seiner Annäherung an Mario zu weit gegangen. Cipolla, bisher »Gebieter« (S. 76) und Machthaber über den »Strom« (S. 70) der Willensenergien, hat seine eigenen Spielregeln verletzt. Er hat sich, ohne es zu bemerken, auf die gleiche Ebene wie sein ›Objekt‹ begeben: Er möchte ebenso wie Mario geliebt werden. Damit ist seine über den Dingen stehende Position verloren und er hat keine Kontrolle mehr über das Geschehen. In äußerst beeindruckender Weise hat er in der Veranstaltung den Versuchspersonen aus dem Publikum demonstriert, dass sie keinen freien Willen haben. Nun unterliegt er einer Selbsttäuschung, indem er für sich einen freien Willen in Anspruch nimmt, den es seinen eigenen Ausführungen nach gar nicht geben kann. Es geht ihm wie zuvor dem jungen Herrn aus Rom: Das Unbewusste und die ihm zugrunde liegende Lustorientierung nehmen überhand. Mit der letzten Vorführung, der Hypnose Marios, hat sich das Unbewusste Cipollas die Freiheit genommen, das zutiefst Gewünschte Wirklichkeit werden zu lassen. Dieser Moment der Schwäche, des Kontrollverlusts wird dem Zauberer zum Verhängnis.

Thomas Manns »große[ ] Werke sind immer Heimsuchungsgeschichten. Überall zerfallen Persönlichkeiten unter dem Ansturm des Verdrängten«, erklärt der Germanist und Thomas Mann-Biograph Hermann Kurzke (Kurzke, S. 89). Dieser »Ansturm« ereignet sich bei Cipolla auf dem Höhepunkt der

Erzählung, der gleichzeitig sein Ende bedeutet. Hans Rudolf Vaget verweist darauf, dass hier das Motiv der Homoerotik ganz anders als im *Tod in Venedig*, der anderen bedeutenden Italien-Novelle Thomas Manns, eingesetzt ist. Während bei Gustav von Aschenbach »das Hervortreten der homoerotischen Passion trotz aller impliziten Kritik etwas von einer beseligenden Erlösung zum Tode hat, markiert das verborgene homoerotische Begehren Cipollas gleichsam seine Achillesferse, an der seine Macht zuschanden wird« (Vaget, S. 227).

Dass Cipolla seinen Sturz selbst herbeiführt, lässt sich auch aus massenpsychologischer Sicht begründen. Indem er aufgrund seines Begehrens Mario aus der Masse hervorhebt, geht die für die Massenbildung grundlegende Voraussetzung der Distanz verloren. Nach Freud entsteht das Zusammengehörigkeitsgefühl in der Masse durch die Illusion, dass der Führer alle in der Masse aufgehenden Individuen gleichermaßen liebt. Die Zerstörung dieser Grundlage der Massenbildung leitet Cipollas Ende ein.

Mario, durch die Reitpeitsche geweckt und aus der Hypnose zu sich kommend, begreift mit einem Mal das ganze Ausmaß seiner Bloßstellung. Seine Körpersprache macht das deutlich: »Er […] drückte die Hände an seine mißbrauchten Lippen« (S. 106). Verstört stürzt er von der Bühne. Unten angekommen, dreht er sich um, zieht eine Pistole und schießt in Richtung Cipolla, der tödlich getroffen wird. Marios Tat ist in erster Linie die spontane Rache für den Missbrauch seiner persönlichsten Gefühle; sie ist aber zugleich auch eine Erlösung vom Verführer der Menge beziehungsweise, in politischer Überhöhung, vom Diktator. Der Erzähler verurteilt diese Tat jedenfalls nicht, sondern empfindet sie, bei aller Schrecklichkeit, als »befreiendes Ende« (S. 107), das Mario stellvertretend für all diejenigen herbeigeführt hat, die wie der Erzähler in Passivität gefangen waren.

2 Welche leitmotivischen Strukturen verbinden die beiden Teile der Erzählung?

Zu Beginn der Erzählung ist bereits von dem »Ende mit Schrecken« (S. 9) die Rede, zu dessen Zeuge die Erzählerfamilie am Schluss der Zauberaufführung wird. Im vorletzten Satz der Erzählung bezeichnet der Erzähler das Erlebte erneut als ein »Ende mit Schrecken« (S. 107). Diese wörtliche Entsprechung am Anfang und Schluss bildet gleichsam den Rahmen der Erzählung, deren beide Teile durch leitmotivische Strukturen kunstvoll miteinander verknüpft sind. Das Leitmotiv hat als Erzähltechnik strukturierende Funktion, da es auf Zusammenhänge voraus- oder zurückweist, gliedernd und Akzente setzend wirkt. Die Leitmotivik wird zum Gefühls-, Stimmungs- und Symbolträger und ermöglicht die Verdichtung des Erzähltexts zu einem geistigen Themengewebe, einem gleichsam musikalischen Beziehungskomplex.

Die ganze Erzählung ist so konzipiert, dass sie auf ein böses Ende zustrebt. Genaueres erfährt der Leser zwar erst am Schluss; er wird aber von Beginn an auf dieses Ende vorbereitet, sodass er Vorausdeutungen bewusst wahrnehmen kann. Von diesem Ende aus betrachtet, ergibt sich der Zusammenhang der erzählten Ereignisse.

In einem Brief an den Kritiker Otto Hoerth vom 12. Juni 1930 geht Thomas Mann auf die Bedeutung des ersten Teils der Handlung für die gesamte Novelle ein: »Um Cipolla töten zu können, brauchte ich den Hotelier – und das übrige vorbereitende Ärgernis. Weder Fuggièro noch der zornige Herr am Strande, noch die Fürstin hätten sonst das Licht der Literatur erblickt.« Unter der Perspektive der Verführbarkeit der Menge tritt die besondere Bedeutung des ersten Teils der Novelle hervor.

Schon mit dem ersten Satz – »Die Erinnerung an Torre di Venere ist atmosphärisch unangenehm.« – wird erzählerisch ein Zusammenhang zwischen dem Klima und der unguten Stimmung hervorgerufen, die »in der Luft« liegt und sich als »Ärger, Gereiztheit [und] Überspannung« äußert (S. 9). Etliche leitmotivisch eingesetzte Worte und Formulierungen stammen aus dem Bereich der Atmosphäre und des Klimas: »Die Hitze war unmäßig«, »afrikanisch«, die Feriengäste sind der »Schreckensherrschaft der Sonne« ausgesetzt, der »Sonne Homers« (S. 20), dem Erzähler werden die »glühende Leere des Himmels«, die »Grellheit der Farben« und »die ungeheure Naivität und Ungebrochenheit des Lichts« lästig (S. 21).

Am Ende des ersten Teils kündigt sich mit dem Wetterwechsel schon Unheil an: Es herrscht eine »stickige[ ] Sciroccoschwüle« und ein »schwächlicher Regen« fällt (S. 31). Zu Beginn des zweiten Teils dann, als sich die Erzählerfamilie auf den Weg zur Vorführung macht, ist es »schwül, wie seit Tagen, es wetterleuchtete manchmal und regnete etwas« (S. 34).

In Entsprechung zur Veränderung des Wetters lädt sich auch die Atmosphäre in der Veranstaltung auf. In der Pause, in der der Erzähler wieder einmal darüber nachdenkt, was ihn eigentlich zum Bleiben bewegt, verbindet er ausdrücklich die Atmosphäre des ganzen Ferienaufenthalts mit Cipollas Darbietungen. Der Veranstaltungsort erscheint ihm als »Sammelpunkt aller Merkwürdigkeit, Nichtgeheuerlichkeit und Gespanntheit, womit uns die Atmosphäre des Aufenthaltes geladen schien«, und der Zauberkünstler selbst als »Personifikation von alldem« (S. 78). Hier nimmt der Erzähler wieder Bezug auf den Anfang seines Berichts. Dort beschreibt er Cipolla als Person, in der »sich das eigentümlich Bösartige der Stimmung auf verhängnishafte und übrigens menschlich sehr eindrucksvolle Weise zu verkörpern und bedrohlich zusammenzudrängen schien« (S. 9).

Die herrschende Atmosphäre ist geprägt von übermäßigem Nationalstolz. Das zeigt sich im ersten Teil in den Hotel- und Strandepisoden und im zweiten Teil in Cipollas chauvinistisch patriotischen Bemerkungen. Leitmotivisch werden politische Begriffe eingesetzt, die sich wie ein Netz über die beiden Teile der Erzählung legen und diese verknüpfen. In der Fuggièro-Episode wird dem Erzähler rasch bewusst, »daß Politisches umging, die Idee der Nation im Spiele war«. Der Strand ist übervölkert von »patriotischen Kindern«, was der Erzähler als eine »unnatürliche und niederschlagende Erscheinung« bewertet (S. 24). Die Nacktheit der kleinen Erzählertochter wird als »Verstoß gegen die nationale Würde« (S. 27) bezeichnet. Später heißt es: »Der Strand entnationalisierte sich« (S. 31). Im zweiten Teil dann erklärt Cipolla, dass er aufgrund seiner körperlichen Versehrtheit nicht habe »am Kriege für die Größe des Vaterlandes« teilnehmen können. Er hebt hervor, dass der »Bruder des Duce« (S. 47) Gast in einer seiner Veranstaltungen in Rom gewesen sei. Bei den Rechentricks werden von manchen Zuschauern Jahreszahlen genannt, »die große Jahre aus der italienischen Geschichte bezeichneten«; und Cipolla versäumt nicht, diese Kundgebungen nationalen Stolzes zu verstärken, indem er an jene Jahreszahlen »patriotische Betrachtungen« anknüpft (S. 62). Auf den Erzähler wirken »der Patriotismus und die reizbare Würde« (S. 64), die Cipolla an den Tag legt, beklemmend, während beides dem einheimischen Publikum nicht weiter aufzufallen scheint.

Die Figuren, die in beiden Teilen der Erzählung erscheinen, sind ebenfalls in leitmotivisch verknüpfender Funktion eingesetzt. Zu ihnen gehört auch Mario, selbst wenn er am Anfang nur kurz eingeführt wird und erst am Ende seine eigentliche Bedeutung erlangt. Die Erzählerfamilie ist im ersten und zweiten Teil gleichermaßen präsent.

Signora Angiolieri erscheint sowohl im ersten wie auch im zweiten Teil mehrmals. Im ersten Teil wird sie, »eine zierliche, schwarzäugige Dame, toskanischen Typs, wohl anfangs der Dreißiger, mit dem matten Elfenbeinteint der Südländerinnen«, die mit ihrem Gatten, einem »sorgfältig gekleidete[n], stille[n] und kahle[n] Mann« (S. 17), zu den gastfreundlichen Italienern zählt, als eine aktive Person präsentiert: Sie umsorgt ihre Pensionsgäste und verkauft ihnen Eintrittskarten für die Zaubervorführung. Im zweiten Teil wird sie dann gleich zweimal von Cipolla hypnotisiert und dabei zum passiven, willenlosen Opfer.

Bei der Vorführung durch Cipolla werden wieder ihre Augen und ihre Gesichtsfarbe erwähnt, die nun einen leicht veränderten Ton aufweisen: »[I]hre braungoldenen Augen schimmerten in der Edelblässe ihres Gesichtes.« (S. 74) Durch diese diskreten Signale wird angedeutet, dass Cipolla Signora Angiolieri vorübergehend aus dem Gleichgewicht gebracht und sich gefügig gemacht hat.

Im Verlauf der Erzählung geschieht immer wieder Merkwürdiges. Das Adjektiv »merkwürdig« gewinnt dabei in der Novelle eigene leitmotivische Qualität. Schon in der Exposition ist – mit Blick auf Cipolla – die Rede von den »falschen Vorspiegelungen des merkwürdigen Mannes« (S. 9). Das »Lorbeer- und Oleandergebüsch« an der Landstraße zwischen Portoclemente und Torre di Venere bietet mit seiner Schicht weißen, durch Autoabgase verursachten Staubs einen »merkwürdige[n], aber abstoßende[n] Anblick« (S. 12 f.). Mit der Faszination durch die Merkwürdigkeit der Atmosphäre erklärt der Erzähler auch, warum er mit seiner Familie trotz all der unangenehmen Urlaubserlebnisse, etwa der Strandepisode mit dem nackten Töchterchen und den einheimischen Moralaposteln, auf eine vorzeitige Abreise verzichtet:

> Wir blieben auch deshalb, weil der Aufenthalt uns merkwürdig geworden war, und weil Merkwürdigkeit ja in sich selbst einen Wert bedeutet, unabhängig von Behagen und Unbehagen. Soll man die Segel streichen und dem Erlebnis ausweichen, sobald es nicht vollkommen danach angetan ist, Heiterkeit und Vertrauen zu erzeugen? Soll man »abreisen«, wenn das Leben sich ein bißchen unheimlich, nicht ganz geheuer oder etwas peinlich und kränkend anläßt? Nein doch, man soll bleiben, soll sich das ansehen und sich dem aussetzen, gerade dabei gibt es vielleicht etwas zu lernen. (S. 30)

Der Erzähler vertritt hier die Haltung, die Thomas Mann selbst seit dem Aufkommen der nationalsozialistischen Bewegung gegenüber Zeitereignissen einnahm. Dass mit dieser Haltung auch die »moralische Gefahr« verbunden war, »das Neinsagen zu verlernen«, war Thomas Mann bewusst; er betonte aber, dass ihm deswegen »nicht bange« sei, zumal »Moral, sofern sie die Spontaneität und Unschuld des Lebens beeinträchtigt,« ohnehin »nicht unbedingt Sache des Künstlers« sei (*Bruder Hitler*, 1938, GW XII, S. 849, vgl. auch S. 81 bis 84 dieses Bands).

Um auf den leitmotivisch eingesetzten Begriff »merkwürdig« zurückzukommen, so wird er ebenfalls im zweiten Erzählerkommentar zum Thema ›Abreisen oder Bleiben‹ zur Rechtfertigung herangezogen: »Es ging hier geradeso merkwürdig und spannend, geradeso unbehaglich, kränkend und bedrückend zu wie in Torre überhaupt, ja, mehr als geradeso: dieser Saal bildete den Sammelpunkt aller Merkwürdigkeit, Nichtgeheuerlichkeit und Gespanntheit [...]« (S. 78). Diese Selbstrechtfertigungen des Erzählers bilden eine weitere Ebene der Verknüpfung zwischen den beiden Teilen der Erzählung.

»Nein doch, man soll bleiben, [...].« / [In dieser Textstelle] findet sich in nuce Thomas Manns Haltung gegenüber der politischen Wirklichkeit seit Ende der Zwanzigerjahre. Sie hält an bis zu seinem Tode. Sie steuert die Wahrnehmung des immer stärker werdenden Faschismus am Ende der Weimarer Republik, der Machtübernahme Hitlers 1933, der Zeit des Zweiten Weltkrieges von 1939 an und schließlich auch der Nachkriegszeit bis zu seinem Tode im Jahr 1955. Immer gilt: Kein vorschnelles Abschotten von der Wirklichkeit, keine vorschnelle ideologische Positionierung, die dann über die Wirklichkeit gestülpt wird und Sicherheit und Orientierung gibt. Nein – Thomas Mann geht einen anderen Weg. In einem ersten Schritt sieht er sich die Realität an, auch wenn sie sich fürchterlich darstellt, versucht das Denken der anderen nachzuvollziehen und kritisiert von innen heraus und gelangt damit zu einer wirklichen Gegenposition, die sich nicht vorschnell abschottet, sondern aus intimer Kenntnis heraus kritisieren und ablehnen kann. In seinem Essay *Bruder Hitler*, der in einem engen Gedankenkonnex mit der *Mario*-Novelle steht, hat er die Gefahren benannt, die aus einer solchen Haltung resultieren. Er spricht davon, dass solche Anverwandlung zu vollziehen sei, »möge sie auch die moralische Gefahr mit sich bringen, das Neinsagen zu verlernen. Mir ist nicht bange deswegen.« (GW XII, 849) In diesem Sinne hat er die Gefahren in Kauf genommen, weil er nur so glaubte, überzeugend und auf die Art des Künstlers Widerstand leisten zu können. Die Gefahren, denen man sich dabei aussetzt, zeigt auf dramatische und zugespitzte Art und Weise die Novelle *Mario und der Zauberer*, zeigt die Macht und das Ende des Zauberers Cipolla. [...] Das Ästhetische und das Politische werden hier in einen gestalterischen Zusammenhang gebracht, der für Thomas Mann bis zum Ende gültig bleibt.

Hans Wißkirchen, in: Holger Pils und Christina Ulrich (Hrsg.): Thomas Manns »Mario und der Zauberer«, Lübeck 2010, S. 9–11

Sie haben überdies eine strukturbildende Funktion. So trennt der erste Kommentar (S. 29 f.) Teil 1 und Teil 2 der Novelle; der zweite (S. 76–79) ist in die Pause der abendlichen Veranstaltung eingeschaltet; und der dritte, letzte und vergleichsweise kurze Kommentar (S. 93) ist vor der Schlussszene, der Hypnotisierung Marios platziert: An dieser Stelle kann sich der Erzähler sein Bleiben »nur mit einer gewissen Ansteckung durch die allgemeine Fahrlässigkeit erklären, von der zu dieser Nachtstunde auch wir ergriffen waren«.

Mit ›Ansteckung‹ ist ein weiterer leitmotivisch verwendeter Begriff genannt, der in den verschiedensten Bezügen auftaucht und so anschaulich macht, wie durch die Erzählweise die Grenzen zwischen Phänomenen, die in der Lebenswirklichkeit eigentlich wenig miteinander zu tun haben, verschwimmen. Im ersten Teil hat die Fürstin im Hotel Angst vor einer Ansteckung ihrer Kinder mit Keuchhusten durch den Sohn des Erzählers. Sie befürchtet, der Husten sei »akustisch ansteckend« (S. 16). Die Neugier der Erzählerkinder auf den Zauberkünstler übt wiederum »eine Art von Ansteckungskraft« (S. 33) auf ihre Eltern aus. Gegen Ende der Vorstellung schließlich spricht der Erzähler angesichts der aufgelösten Stimmung im Saal von einer »gewissen Ansteckung durch die allgemeine Fahrlässigkeit« (S. 93).

Die dargelegten leitmotivischen Strukturen verbinden die beiden Teile der Erzählung und tragen so zu ihrer Geschlossenheit bei. Inhaltlich lässt sich diese folgendermaßen zusammenfassen: Was im ersten Teil an kleinen störenden Erlebnissen die Stimmung verdarb, explodiert gleichsam am Abend der Vorstellung im zweiten Teil. Während dieser Teil mit der Vorstellung Cipollas den Aufstieg, Triumph und Sturz eines Massenverführers demonstriert, zeigt der erste Teil eine durch den italienischen Faschismus verursachte Form der Massenpsychose im Alltag der Menschen. So wie der zweite Teil die psychologischen Grundlagen der Massenbildung – durch die Ähnlichkeit zur Hypnose – offenlegt, analysiert der erste Teil den Charakter einer solchen verführten Masse: Überlegenheits- und Machtgefühle gegenüber Außenstehenden, Übertreibung und irrationales Verhalten, Fremdenfeindlichkeit, liebedienerisches Verhalten den Mitgliedern der eigenen Gruppe gegenüber und ein übertriebener Nationalstolz (vgl. Zeller in BBH-Katalog, S. 68 f.) Auch individuell negative Eigenschaften wie Rücksichtslosigkeit und übertriebenes Selbstbewusstsein treten dabei als Kollektivphänomene besonders unangenehm hervor.

Hans Rudolf Vaget hat auf eine schon in einigen frühen Texten Thomas Manns charakteristische Erzählstrategie hingewiesen, die darauf abziele, den ganzen Text sich an einer Stelle verdichten zu lassen, »so daß diese Stelle – eine ›Aufführung‹ gewöhnlich – zu einem Mikrokosmos der Gesamtstruktur« werde (zitiert nach TM-Handbuch, S. 545). Das trifft auch auf die *Mario*-Erzählung zu, in der die unangenehme Atmosphäre des gesamten Aufenthalts »im großen« (S. 78) in der Abendvorstellung, sozusagen »im kleinen« (S. 79), ihre volle Wirkung entfaltet. Wie gezeigt wurde, ist die Leitmotivtechnik mit ihrer erinnernden und vorausweisenden Funktion ein wesentliches Element dieser Erzählstrategie.

Hans Rudolf Vaget hat darüber hinaus in Thomas Manns Erzählungen »ganz bestimmte Konstruktionsmuster« herausgearbeitet, die in Variationen immer wiederkehren und sich auch in *Mario und der Zauberer* finden. Zu diesem »grundlegende[n] Erzählmodell Thomas Manns« (zitiert nach TM-Handbuch, S. 545) gehört, dass einige Erzählungen »nahezu ganz aus der erzählerischen Vergegenwärtigung einer mehr oder weniger öffentlichen Veranstaltung [bestehen] [...]. Was die Erzählung zeitigt, ist im Wesentlichen dies: eine vo[m] [...]

Erzähler aufgedeckte verborgene oder stumme Interaktion zwischen dem ›Künstler‹ und den anderen Teilnehmern an der Veranstaltung.« (Ebenda, S. 541) Dieses für Thomas Mann typische Erzählmodell ist in der *Mario*-Erzählung zweifellos besonders gut erkennbar. Während in anderen Erzählungen die entscheidende Wirkung von der Musik Richard Wagners ausgeht, übt hier die Hypnose eine ähnlich narkotisierende Funktion aus.

Vaget weist auch darauf hin, dass in erster Linie die innere Verfassung der Teilnehmer an der Aufführung und des Publikums, das meist genau differenziert wird, erhellt werde. »Diese Differenzierung hat sich bei Thomas Mann zum bevorzugten Vehikel der politischen Analyse entwickelt, wie am Beispiel des *Mario* am deutlichsten zu sehen ist.« (Zitiert nach TM-Handbuch, S. 545) Es gibt wiederholt Hinweise auf gesellschaftliche Differenzierungen, so etwa bereits während der Schilderung des kurzen Wegs zum Veranstaltungsort, der »gleichsam vom Feudalen über das Bürgerliche ins Volkstümliche führte« (S. 33). Das Publikum setzt sich zusammen aus den einfachen Leuten auf den Stehplätzen – wie etwa den zum Teil leitmotivisch charakterisierten Bootsverleihern, Fischern und Kellnern von Torre di Venere, den Vertretern der »eingesessenen Volkstümlichkeit« (S. 35) – und dem gehobeneren, vornehmen Teil auf den Sitzplätzen, zu dem neben Italienern auch ausländische Touristen gehören. Am Ende sind dann im gemeinschaftlichen Tanz alle gesellschaftlichen Grenzen aufgehoben und das Publikum ist zu einer Masse geworden, in der der individuelle Wille und das Widerstandsvermögen des Einzelnen zumindest tendenziell einem kollektiven Einheitsrausch gewichen sind.

V Literaturgeschichtliche Einordnung

Thomas Mann fühlte sich zeitlebens keiner literarischen Strömung zugehörig. In seinem Vortrag *Meine Zeit* (1950) betont er, er habe »nie einer Schule und Koterie [Klüngel, Sippschaft] angehört, die gerade obenauf war, weder der naturalistischen, noch der neu-romantischen, neu-klassischen, symbolistischen, expressionistischen, oder wie sie nun hießen. Ich bin darum auch nie von einer Schule getragen, von Literaten selten gelobt worden.« (GW XI, S. 311)

Tatsächlich ist es nicht leicht, Thomas Mann literaturgeschichtlich einzuordnen. Häufig wird er zu den Autoren der ›Klassischen Moderne‹ gezählt, aber das ist ein sehr weit gefasster Begriff, der so unterschiedlichen Künstlern wie James Joyce, Marcel Proust oder Robert Musil als Etikett angeheftet worden ist und eher den künstlerischen Rang bezeichnet als zur Charakterisierung der literarischen Technik dient.

»Mario und der Zauberer« im Kontext der deutschen Italien-Dichtung

Gleichwohl lassen sich natürlich auch für Thomas Manns Werke literaturgeschichtliche Zusammenhänge benennen. So steht *Mario und der Zauberer* als Schilderung einer Italien-Erfahrung in einer mächtigen Tradition innerhalb der deutschen Literaturgeschichte. Schon Heinrich Heine konnte 1828, im dritten Teil seiner *Reisebilder* (»Italien«), konstatieren: »Was überhaupt italienische Reisebeschreibungen betrifft, so hat W. [Wilhelm] Müller vor geraumer Zeit im ›Hermes‹ [*Hermes oder Kritisches Jahrbuch der Literatur*, Jahrgänge 1820 und 1821] eine Übersicht derselben gegeben. Ihre Zahl ist Legion.« (»Reise von München nach Genua«, Kapitel XXVI)

Seit dem 17. Jahrhundert, als die Kavalierstour junger Adliger, eine ins europäische Ausland führende Bildungsreise, in Mode kam, war Italien das Land der Sehnsucht der Deutschen. Ihre Liebe galt der italienischen Kultur, der italienischen Landschaft, dem milden Klima und dem italienischen Lebensgefühl. Seit dem Erscheinen von Johann Joachim Winckelmanns *Geschichte der Kunst des Altertums* (1764) reiste man nach Italien, um griechisch-römische Kunst zu besichtigen und ›klassische Luft‹ zu atmen. Die fünfte von Goethes zwischen 1788 und 1790 entstandenen *Römischen Elegien* beginnt: »Froh empfind' ich mich nun auf klassischem Boden begeistert, / Vor- und Mitwelt spricht lauter und reizender mir.« Goethe hatte, von seinen Weimarer Amtspflichten zermürbt, im Sommer 1786 eine zweijährige Auszeit genommen und sich in Italien als Mensch und als Künstler neu gefunden. Noch Jahrzehnte später, gegen Ende seines Lebens, erklärte er gegenüber Johann Peter Eckermann: »Ja ich kann sagen, daß ich nur in *Rom* empfunden habe, was eigentlich ein Mensch sei. – Zu dieser Höhe, zu diesem Glück der Empfindung bin ich später nie wieder gekommen [...].« (Eckermann: *Gespräche mit Goethe*. Gespräch vom 9. Oktober 1828)

»Persönlichkeitsbildung«, so Gunter E. Grimm in der Einleitung des von ihm herausgegebenen Bands *Italien-Dichtung. Erzählungen von der Romantik bis zur Gegenwart*, »hieß das große Schlagwort, das Goethe nach Hause brachte, und das Schlagwort von der ›geistigen Wiedergeburt‹ durchzog seitdem zahlreiche Reiseberichte, Briefe und Tagebuchaufzeichnungen deutscher Italienfahrer. Von Goethes klassischem Werk *Die italienische Reise* (1816 f. / 1829) datiert das Ideal der *modernen Bildungsreise*, die [...] vor allem der Selbstbildung zugute kommt. [...] Wer nach Goethe Italien besucht, kommt nicht um die Auseinandersetzung mit seinem Italienbild herum.« (*Italien-Dichtung*, S. 13 f.)

Auch Thomas Manns Erzähler in *Mario und der Zauberer* wird der Ferienaufenthalt an der Thyrrhenischen Küste zum Anlass, sich mit Italien und mit sich selbst auseinanderzusetzen. Allerdings wirkt die Erzählung vor dem Hintergrund der meist Begeisterung und Andacht verströmenden deutschen Italien-Dichtung wie eine Travestie (komisch-satirische Umbildung) der gängigen Klischees. Während etwa August von Platen (1796–1835) – dessen *Tristan*-Gedicht Thomas Mann dem Protagonisten Gustav von Aschenbach im *Tod in Venedig* (1912) in den Sinn kommen lässt, als er sich auf einem Schiff seinem Reiseziel Venedig nähert – aus Neapel schrieb, »hier ist heilsame Luft, ein unwandelbarer Himmel und ringsher Elysium«; und während Nietzsche, wie Goethe eine wichtige Leitfigur für Thomas Mann, Italien in *Jenseits von Gut und Böse* (1886) als »große Schule der Genesung« feierte, »als eine unbändige Sonnenfülle und Sonnen-Verklärung« (zitiert nach *Italien-Dichtung*, S. 16 und 17), polemisiert der Erzähler in *Mario und der Zauberer* deutlich enerviert gegen die »Schreckensherrschaft der Sonne«: »Gewiß, es ist der Süden, es ist klassisches Wetter, das Klima erblühender Menschheitskultur, die Sonne Homers und so weiter. Aber nach einer Weile, ich kann mir nicht helfen, werde ich leicht dahin gebracht, es stumpfsinnig zu finden.« (S. 20 f.)

Drei Städte Italiens haben immer im Zentrum der deutschen Italien-Dichtung gestanden: Rom, Florenz und Venedig. In Rom hat Thomas Mann als noch unbekannter Autor 1896 bis 1898 selbst gelebt. In Florenz spielt sein einziges, stark von Nietzsches psychologischer Analyse der Moral beeinflusstes Drama *Fiorenza* (1906); in Venedig seine berühmteste Erzählung *Der Tod in Venedig* (1912). In beiden Werken entsprach er den durch eine literarische Traditionsbildung vorgegebenen Erwartungen, die sich an die jeweiligen Schauplätze knüpften: Florenz stand seit dem epochemachenden kulturgeschichtlichen Werk *Die Kultur der Renaissance in Italien* (1860) des Schweizer Kunsthistorikers Jacob Burckhardt (1818–1897) im Zentrum des um die Jahrhundertwende grassierenden Renaissancekults, der sich an geistiger Größe und mehr noch an sinnlicher Ausschweifung berauschte. Venedig, das schon früher »als exotische Perle des Mittelmeers, als Märchenstadt, wo Orient und Okzident einander die Hand reichen«, als eine »Stadt für Träumer« (*Italien-Dichtung*, S. 23) deutsche Dichter inspiriert hatte – man denke etwa an E. T. A. Hoffmanns 1817 entstandene Erzählung *Doge und Dogaresse* –, wurde im Ausgang des 19. Jahrhunderts im Zeichen Richard Wagners, der 1858/59 in der Lagunenstadt den zweiten Akt von *Tristan und Isolde* komponiert hatte und 1883 dort gestorben war, zur Chiffre für Dekadenz, morbide Schönheit und Todesverfallenheit. Thomas Manns *Der Tod in Venedig* bildet den Höhepunkt (wenn auch nicht den Endpunkt) dieser Traditionslinie.

In seiner dritten wichtigen Italien-Dichtung, in *Mario und der Zauberer*, ist nichts von solchen poetischen Überhöhungen zu spüren. Sucht man auch für das hier entworfene kritische Italienbild nach einer Traditionslinie, so wäre Johann Gottfried Seumes (1763–1810) Reisebericht *Spaziergang nach Syrakus im Jahre 1802* (1803) zu nennen, der »den Zeitgenossen erst die Augen geöffnet [hat] für die Diskrepanz zwischen Winckelmanns appollinisch-heiterer Kunstwelt und der sozial und politisch zerrütteten italienischen Wirklichkeit« (*Italien-Dichtung*, S. 28). Heinrich Heines *Reisebilder* setzen diese Perspektive fort. Was deutsche Dichter in Italien gewöhnlich zu finden hofften – Ordnung und Klarheit, Maß und Form, Ruhe und Sein, Freiheit und Ungebundenheit (Joachim Wieder und Gunter E. Grimm, vgl. *Italien-Dichtung*, S. 32) –, wurde hier als Projektion offenbar. In vergleichbarer Weise zeigt Thomas Mann Italien nicht als klassisch-heiteres, gesundes, sondern als nationalistisch-aufbrausendes, krankes Land (vgl. S. 25).

Er entwirft kein Wunschbild, sondern er schildert und deutet die vorgefundene Wirklichkeit. Vergleicht man die *Mario*-Erzählung mit dem noch vor dem Ersten Weltkrieg entstandenen *Tod in Venedig*, so spürt man den Epochenbruch, die umgreifende Desillusionierung und Ernüchterung, die der Krieg mit sich gebracht hatte. In dieser Hinsicht vollzieht Thomas Mann in *Mario und der Zauberer* eine Entwicklung mit, die die Italien-Dichtung des 20. Jahrhunderts insgesamt bestimmt hat: die Abwendung von »schwärmerisch-romantische[r]« wie von »historischer und ästhetisierender Sichtweise« zugunsten der »Darstellung von Gegenwart« und des »Individuelle[n] und Spezifische[n]« (*Italien-Dichtung*, S. 33). Diese veränderte Haltung hat Wilhelm Waetzoldt 1927 bereits als Zeittendenz ausgemacht: Italien sei den Deutschen »zu nah gerückt, zu bekannt und zu verwandt geworden. Distanz und Pathos sind aus dem Verhältnis des nordischen Menschen zum Süden verschwunden. Ja, das Erlebnis der Italienreise ist banalisiert worden.« (*Das klassische Land. Wandlungen der Italiensehnsucht*, zitiert nach *Italien-Dichtung*, S. 34)

»Mario und der Zauberer« im Kontext zeitgenössischer literarischer Faschismuskritik

Thomas Manns Erzählung reiht sich aber nicht nur in die fast endlose Galerie der Italienbilder in der deutschen Literatur ein. Sie steht auch im Zusammenhang zeitgenössischer Versuche, mit den Mitteln der Literatur vor dem Aufkommen des Totalitarismus in Westeuropa zu warnen.

Zu diesen Warnern zählte Bruno Frank (1887–1945), ein studierter Jurist und langjähriger Freund Thomas Manns, der in München und im kalifornischen Exil sein Nachbar war. 1928 veröffentlichte er die *Politische Novelle*. Sie setzt sich anhand der an den Politikern Gustav Stresemann (1878 – 1929) und Aristide Briand (1862 – 1932) orientierten Protagonisten für die deutsch-französische Aussöhnung ein und übt auch Kritik am aufkommenden Totalitarismus im faschistischen Italien: Ein Jurist und ehemaliger deutscher Minister namens Carl Ferdinand Carmer erlebt während eines Urlaubsaufenthalts in der süditalienischen Hafenstadt Ravello ein Waffenfest der Anhänger Mussolinis, das einem dionysischen Rausch gleicht: »Kriegerischer Aufmarsch, Musik, die Hymne, Heilrufe, schräg aufwärts geworfene Arme, die Rom nachäfften, […], bald sang der ganze Platz, […] und es betrat die primitive Bühne der Redner. / Ja, das hatte Carmer recht häufig gehört. Ein bitterer Ekel, ihm so vertraut, brannte ihm schon bei den ersten Sätzen im Schlunde. Er hätte dem Armseligen dort einsagen können.« (*Politische Novelle*. Frankurt am Main: Suhrkamp Verlag 1982, S. 45 f.) Der als ganz souverän beschriebene Politiker Carmer gehört wie der Erzähler bei Thomas Mann zum Typus des vernunftgeleiteten liberalen Bürgers. An den Italien-Aufenthalt Carmers schließt sich ein Treffen mit dem französischen Außenminister in Cannes an, bei dem die beiden Politiker über die Möglichkeit eines versöhnten Europa sprechen. In dem überraschenden Schluss kommt der Protagonist zu Tode. Nach einem Ausflug in das Nachtleben von Marseille wird er in der Hafengegend der Stadt überfallen und ermordet. In seinem Essay *Politische Novelle* (1928) verteidigte Thomas Mann die Erzählung des Freundes gegen Kritik und schrieb über das Ende: »[M]an darf das unübertrefflich nennen. Schreckhaft wirklich, als Schilderung eines tödlichen individuellen Abenteuers ist es gegeben und doch getaucht in die erhöhende Symbolik der Verführung und des Unterganges, der tiefen Gefährdung des Edlen selbst, des Deutschtums, des Europäertums.« (GW X, S. 699) Die scharfe Kritik Bruno Franks in seiner *Politischen Novelle* an den italienischen Verhältnissen hat Thomas Mann allerdings »in solcher Unbedingtheit« (GW X, S. 694) nicht geteilt.

Das Problem des Verhältnisses von ›Führer‹ und ›Masse‹ kommt auch auf den letzten Seiten von Alfred Döblins (1878 bis 1956) Roman *Berlin Alexanderplatz* (1929) zur Sprache.

Hermann Brochs (1886–1951) Roman *Die Verzauberung* (1936) handelt wie Thomas Manns Erzählung von der Suggestivkraft eines Verführers: In einem Bergdorf in Tirol löst der aus Italien stammende »Versucher« Marius Ratti einen massenwahnartigen Rausch aus, der erst zur Ruhe kommt, nachdem ein Mädchen ermordet worden ist. Den Ritualmord bereitet Ratti vor, führt ihn aber nicht selbst aus. Selbst der Ich-Erzähler, ein durchweg besonnen auftretender Vernunftmensch, der als Landarzt in der Gebirgseinsamkeit wirkt und die Natur als Heiligtum betrachtet, begehrt nicht auf. Auf die Frage, wie das möglich sein kann, weiß er nur zu antworten, dass Ratti das ganze Dorf gleichsam verzaubert habe. Ratti tritt als eine Art phrasenreicher Wanderprediger mit großem Sendungsbewusstsein auf. Er verkündet Vorstellungen von Männergemeinschaft, Opferbereitschaft und Unschuld, die seine eigenen heimlichen Wünsche nach Selbsterhöhung offenbaren. Im »Menschenfänger« Ratti schildert Broch Hitler und in der verführbaren Dorfgemeinschaft das Deutschland der Dreißigerjahre.

Brochs Biograph Paul Michael Lützeler stellt das Werk in eine Reihe antifaschistischer Romane der Dreißiger- und Vierzigerjahre, »in denen die Diktaturen mit symbolisch-parabelhaften Erzählmitteln gedeutet werden, wie zum Beispiel in Walter Mehrings *Die Nacht des Tyrannen*, Fritz von Unruhs *Der nie verlor*, Thomas Manns *Doktor Faustus* oder Hermann Kestens *Die Zwillinge von Nürnberg*« (*Hermann Broch. Eine Biographie*. Frankfurt am Main: Suhrkamp Verlag 1985, S. 186).

Wie Thomas Mann sah auch Hermann Broch in der Inszenierung des Massenrausches durch die Nationalsozialisten den Hauptnährboden des Nationalsozialismus.

Heruntergekommene Künstler

Der Zauberer Cipolla lässt sich in eine Reihe mit »Viertelskünstlern«, Randexistenzen, Scharlatanen und Blendern stellen, die sich schon in der Literatur der Jahrhundertwende um 1900 finden. Für Nietzsche, der die Kulturerscheinungen seiner Zeit als Auflösungs- und Erschöpfungszustände wertet, ist der von ihm lange Zeit bewunderte Richard Wagner der moderne Künstler par excellence und der typische Décadent (*Der Fall Wagner*, 1888). Nietzsche erblickte in der extrem verfeinerten Sensibilität für das ästhetische Detail die besondere Qualität von Wagners décadence, die Dichter der Zeit zur Nachahmung anregte. Nietzsches Misstrauen gegen die suspekten Aspekte von Wagners Kunst als einer auf Massenwirksamkeit bedachten Inszenierung übernahm Thomas Mann. Sein Wagnerbild ist von der Spannung zwischen der Faszination für Wagners décadence-Feingefühl und der Skepsis gegen Wagners Konzept des auf bombastische Effekte bedachten Gesamtkunstwerks bestimmt.

Mit dem Typus des heruntergekommenen Künstlers verbinden Cipolla einige Züge. Beispiele für diesen Typus sind Frank Wedekinds (1864–1918) Dramenfiguren *Der Kammersänger* (1897) und *Der Marquis von Keith* (1901), Heinrich Manns (1871–1950) Romanheld Andreas Zumsee (*Im Schlaraffenland*, 1900), Arthur Schnitzlers (1862–1931) Titelfigur in der Novelle *Casanovas Heimfahrt* (1918) und die Titelfigur der Erzählung *Franz Pander* (1885) des von Thomas Mann geschätzten dänischen Autors Hermann Bang (1857–1912). Diesen Künstlerfiguren ist gemeinsam, dass ihre Kunst zu einer Inszenierung verkommt und in erster Linie schönen Schein bietet. Auch Detlev Spinell in Thomas Manns *Tristan*-Erzählung (1903) gehört in diese Reihe. Er spricht davon, eine Welt des »Truges« zu schaffen. So kann er das »Blendwerk« seines Tuns als wirklich ausgeben (vgl. Koopmann in BBH-Katalog, S. 40).

Richard Wagner (1813 bis 1883). Undatiertes Gemälde von Guiseppe Tivoli (1845 bis 1911).

In vielen Werken der Zeit um 1900 ist der Einfluss Richard Wagners spürbar. Für Thomas Mann verkörperte der Komponist auch das Problematische des modernen Künstlers. Er stilisierte sich wie Künstler früherer Jahrhunderte, komponierte im seidenen Mantel und lebte in Venedig in einem Palazzo. Die Germanen-Mythen wurden in Wagners Werken gefeiert. Ein wesentliches Merkmal der Wagner'schen Musik ist ihre sinnlich überwältigende Wirkung. Sie zielte (zumindest auch) darauf ab, die Massen zu berauschen. Wagner war in diesem Sinne für Thomas Mann ein Demagoge und seine Musik demagogische Musik (vgl. Koopmann in BBH-Katalog, S. 41). Er betrachtete ihn als ›Meister und Rattenfänger‹, der als Verführer und Hypnotiseur des Publikums seine größte Kraft entwickelte. Das gleiche Talent besaß auch Hitler. »Wagnerisch, auf der Stufe der Verhunzung«, nannte Thomas Mann in seinem Essay *Bruder Hitler* besonders die theatralische Gefühlspolitik des Dritten Reichs: »Wagnerisch, auf der Stufe der Verhunzung, ist das Ganze, man hat es längst bemerkt und kennt die gut begründete, wenn auch wieder ein bißchen unerlaubte Verehrung, die der politische Wundermann dem künstlerischen Bezauberer Europas widmet, welchen noch Gottfried Keller ›Friseur und Charlatan‹ nannte.« (GW XII, S. 848)

Die Figur Cipolla ist eine ins Politische gewendete späte Ausprägung des dominanten Künstlertypus des *Fin de siècle*, der durch sein hochstaplerisches Wesen, seine degeneriert dekadente Haltung und das Bohemienhafte seiner Existenz gekennzeichnet ist. In Cipolla zeigt sich auch die Narzisshaftigkeit des Künstlers, sein Außenseitertum und sein daraus entspringendes Bedürfnis, sich die Masse zu unterwerfen (vgl. Koopmann in BBH-Katalog, S. 42 f.). Diese Herrschsucht unterscheidet ihn von seinem liebenswürdigen Pendant, den Thomas Manns Romanheld Felix Krull, der harmlose Lebenskünstler und Hochstapler, verkörpert.

VI Rezeption

Die Thomas Mann-Forschung hat etwa 50 zeitgenössische Rezensionen von *Mario und der Zauberer* nachweisen können (vgl. Vaget, S. 230). Die meisten der ganz überwiegend positiven Kritiken behandelten dabei mehr oder weniger deutlich den politischen Gehalt der Erzählung.

Julius Bab (1880–1955) zum Beispiel sieht in seiner Rezension in der *Berliner Volkszeitung* vom 8. Mai 1930 in der politischen Symbolik geradezu die Essenz der Erzählung:

> Es ist die Luft des faschistischen Italiens! Alles ist geschwängert von posierender Großartigkeit, nationalistischer Unduldsamkeit und einer tyrannischen Gewalttätigkeit, die gleichsam von oben nach unten auf die ganze Nation träuft. Dieser bucklige Zauberer, der mit seiner Suggestionsstärke die Menschen vergewaltigt, mit einer wippenden Reitpeitsche jedes Selbstgefühl unterjocht, er wird schließlich zur spukhaften Karikatur des hier viel genannten großen Mannes, der heute mit etwas, aber nicht sehr, anderen Mitteln sein ganzes Volk und die halbe Welt in Suggestion hält. Am Ende aber bricht die Empörung der geschändeten Seele aus. [...] Wenn Mussolini etwas von Kunst verstände, müßte er diese Novelle in Italien verbieten lassen. (Zitiert nach: ED 1980, S. 44 f.)

Tatsächlich wurde die Erzählung in Italien verboten und konnte dort erst 1945 erscheinen.

Luchino Visconti (1906–1976), dessen Spielfilm *Der Tod in Venedig* (1971) die bis heute wohl berühmteste und am meisten bewunderte Verfilmung eines Werks von Thomas Mann ist, inszenierte die *Mario*-Geschichte 1956 als Ballett an der Mailänder Scala mit der Musik von Franco Mannini.

Der österreichische Schauspieler Klaus Maria Brandauer (geboren 1943) hat 1994 einen Spielfilm *Mario und der Zauberer* (119 Minuten) herausgebracht, in dem er neben der Regie auch die Rolle des Cipolla übernahm. Das Drehbuch, das sich in vielen Zügen von Thomas Manns Erzählung unterscheidet, stammt von Burt Weinshanker.

In dem Film kommt die Familie des deutschen Schriftstellers Bernhard Fuhrmann – Fuhrmann, seine Frau Rachel, der etwa zwölfjährige Sohn Stefan und die achtjährige Tochter Sophie (vgl. die Abbildungen auf den Seiten 33 und 69 dieses Bands) – regelmäßig zum Sommerurlaub ins Grand Hôtel von Torre di Venere. Dieses Mal finden sie allerdings eine veränderte Atmosphäre vor. Es wird versäumt, sie am Bahnhof abzuholen. Der Hoteldirektor Signore Graziano, der sie immer mit besonderer Herzlichkeit umsorgt hat und auch dieses Mal sein Bestes tut, hat einen internen Rivalen, der die italienischen Gäste entschieden bevorzugt. Er ist es, der die Familie in das Nebengebäude abschieben will, woraufhin sie zu Signora Angiolieri umziehen, die einige Räume ihres Hauses in eine Pension umgewandelt hat. Obwohl sie das Gegenteil versichern, empfinden »Professore« Fuhrmann und seine Frau die vergleichsweise unkomfortable Unterkunft in der improvisierten Pension als Abstieg, als Vertreibung aus dem gewohnten Urlaubsparadies des luxuriösen Grand Hôtels; zumal Signora Angiolieri eine etwas anstrengende Dame ist, die die Gäste mit ihrer Schwärmerei für den italienischen Opernkomponisten Giacomo Puccini (1858–1924) – sie bezeichnet sich als seine einstige Assistentin und war wohl auch, oder vermutlich vor allem, seine Geliebte – befremdet. Immerhin wohnen sie nun unter einem Dach mit Signora Angiolieris reizender Nichte Silvestra, die mittlerweile in Rom lebt, den Sommer aber in ihrem Heimatort verbringt. Jeder im Ort scheint ein wenig in sie verliebt zu sein, so auch der Kellner

Mario, der ebenfalls ein guter Bekannter der Familie Fuhrmann von früheren Aufenthalten her ist. Gleich am ersten Tag ihres diesjährigen Aufenthalts findet der zum zwölften Mal ausgetragene Wettlauf um den Titel des »schnellsten Kellners der Stadt« (ein Wett- und Hindernislauf durch den Ort, bei dem es zudem darauf ankommt, einen Teller Spaghetti mit einer Flasche Wein unversehrt ins Ziel zu bringen) statt, den Mario in den vergangenen drei Jahren gewonnen hat. Silvestra, im Kostüm der »Vestalin des Jahres«, wird die Ehre zuteil, mit einer Schreckschusspistole das Startsignal zu geben. Mario liegt wieder vorn, als ihm ein Hündchen vor die Füße läuft; er stolpert und verpasst in diesem Jahr den Sieg.

Silvestra ist zu allen Leuten nett; ihr eigentliches Interesse scheint aber älteren, intellektuell herausfordernden Männern zu gelten. Sie schenkt Bernhard Fuhrmann viel Aufmerksamkeit und verrät zudem, als sie sich einmal zu der Frühstückstafel der Fuhrmanns am Strand gesellt, dass auch der Zauberkünstler Cipolla sie heimlich fasziniert. Er sei so hässlich und wirke so abstoßend; aber wenn man ihn eine Weile erlebe, könne man das alles vergessen.

Cipolla, der sich nicht zum ersten Mal in Torre aufhält – Signora Angiolieri verkündet erregt: »Der Zauberer ist wieder in der Stadt! Er sieht den Menschen ins Herz!« – hat am Abend zuvor eine kleine öffentliche Kostprobe seiner Kunst gegeben, um so für die anstehende größere Abendveranstaltung zu werben. Auch Stefan und Sophie Fuhrmann waren unter den Zuschauern. Cipolla arbeitet mit einer Assistentin und einem Assistenten, Christiana und Marcello, die ihm auch im täglichen Leben beistehen, die ihn waschen und ihm sein Stützkorsett anlegen. Mario besucht die drei und bringt ihnen – offenbar wie schon oft – Eis, wobei ihn Stefan Fuhrmann begleitet. Etwa zu dieser Zeit ereignet sich die Szene am Strand, die auch in der Erzählung geschildert wird: Ein italienischer Junge bewirft Sophie mit nassem Sand und drangsaliert sie zusammen mit seinen Freunden. Sie wäscht ihren Badeanzug aus. Empörte Italiener formieren sich zu einem bedrohlichen Halbkreis um das nackte Mädchen. Herr Fuhrmann muss sich vor der Behörde verantworten. Dabei hat er es ausgerechnet mit Signor Angiolieri zu tun, einem kindisch-rücksichtslosen Mann, der gerade als neuer Präfekt ernannt worden ist, da er »mit dem Minister auf der Universität gewesen« ist. Fuhrmann zahlt eine Geldbuße.

Auch Signore Graziano vom Grand Hôtel ist plötzlich »gegangen, ohne sich zu verabschieden«. Sein unangenehmer Widersacher ist zum Direktor ernannt worden. Frau Fuhrmann möchte nicht länger bleiben. Sie will den Urlaub in der Schweiz fortsetzen. Doch Fuhrmann will die Italiener nicht brüskieren. Der Kultusminister hat eigens einen Empfang für ihn arrangiert, der kurz bevorsteht. In seinem Vortrag in Rom vor ausgewähltem Publikum spricht Fuhrmann über die »Verantwortung des Schriftstellers in unserer Zeit«, bekennt seine persönliche Betroffenheit über das Erlebnis seiner Tochter und warnt vor einer »Entwicklung sich steigernder Bigotterie und Intoleranz« in Europa. Er erntet wenig Beifall. Im Gegenteil nimmt die anschließende Diskussion schnell einen feindseligen Ton an: Man benötige hier in Italien »keine liberalen Ratschläge von Ausländern!«

Während seiner Abwesenheit hat sich in Torre Schreckliches ereignet. Bei Nacht und stürmischem Regen ist die aufgefundene Leiche Signor Grazianos gebracht worden. Frau Fuhrmann und die Kinder sind unter den entsetzten Beobachtern. Als Fuhrmann nachts heimkommt, findet er seine Familie zusammen in einem Bett schlafend. Seine Frau erwacht und sagt nur: »Wir reisen morgen ab.« Am anderen Morgen sprechen die Fuhrmanns über das schreckliche Ereignis. Frau Fuhrmann bezweifelt die offizielle Behauptung, dass es sich um einen Selbstmord handle. Die Eltern teilen den Kindern mit, dass sie heute abreisen würden. Doch die Kinder möchten wenigstens noch die an diesem Abend stattfindende Vorführung Cipollas ansehen. Die Eltern geben nach und verschieben die Abreise um einen Tag.

Die abendliche Veranstaltung nimmt, anders als in der Erzählung, nur das knappe letzte Viertel des Films in Anspruch. Cipolla, unterstützt von der Kunstschützin Christiana und dem Musiker Marcello, hypnotisiert wie in der Erzählung einen kräftigen jungen Mann, der steif wie ein Brett wird. Er sammelt Gegenstände ein. Der alberne Präfekt Angiolieri gibt seinen Schuh, woraufhin Cipolla dessen Frau, ein leichtes Opfer seiner Kunst, dazu bringt, alles um sich zu vergessen und, eine Puccini-Arie singend, zu ihm zu kommen. Peinlich berührt bringt Angiolieri sie nach Hause. Da stürmt plötzlich ein junger Mann in den Saal und schreit: »Zauberer! Du weißt doch über alles so genau Bescheid. Dann nenn uns den Mörder von Signor Graziano!« Cipolla bleibt die Antwort schuldig. Nach kurzem Tumult setzt er sein Programm fort. Er bittet Mario auf die Bühne, dann Silvestra, und beschwört beide, ihrer gegenseitigen Neigung nachzugeben und einander zu küssen (vgl. S. 91 dieses Bands). Sie beugen sich zueinander hin. Doch im letzten Moment schreckt Silvestra zurück und will von der Bühne flüchten. Cipolla ruft sie zurück. Sie gehorcht. Er bringt sie dazu, ihn selbst zu küssen: »Küss mich. Trau mir. Liebe mich bis zu deinem Tod. Du brauchst mich. Küss mich.« Sie küsst ihn. Als sie begreift, was sie getan hat, bricht sie in den Ausruf »Monster!« aus, greift zur im Hintergrund der Bühne liegenden Pistole, legt auf Cipolla an und schießt. Jedoch trifft sie Mario, der vor Cipolla steht. Mario sinkt zu Boden. Im Publikum brandet großer Beifall auf, der stummem Entsetzen weicht, sobald die Zuschauer begriffen haben, dass das kein Spiel war und Mario tot ist.

Klaus Maria Brandauer hat die Änderungen der Filmhandlung gegenüber der Erzählung damit begründet, dass sie sein und des Drehbuchautors Verständnis von Thomas Manns Novelle veranschaulichen würden. Cipolla überlebe im Film, weil ja der Faschismus, dessen aus zwielichtigen Quellen gespeiste Macht über die Masse Thomas Mann in der Figur des Zauberers habe verkörpern wollen, auch in Wirklichkeit (zumindest vorläufig) weitergelebt habe und erfolgreich gewesen sei. Daher sei es konsequent gewesen, die unschuldigste Figur zu Tode kommen zu lassen, die Figur, die am wenigsten zur vergifteten Atmosphäre dieses Sommers beigetragen habe. Marios Unschuld – und die Schuld der anderen Figuren – werde daher im Laufe der Handlung an verschiedenen Episoden deutlich gemacht. Überdies hätten sie die Verquickung einer politischen Aussage mit »einer leichten Homophilität« (zitiert nach Haase, S. 98), wie sie bei Thomas Mann in dem Verhältnis Cipollas zu Mario zu spüren sei, vermeiden wollen. Daher richtet sich Cipollas Begehren im Film auf die schöne Silvestra (und, in einer bei der Zusammenfassung oben nicht berücksichtigten Szene, auch auf die ebenfalls sehr schöne Schriftstellergattin Rachel Fuhrmann).

Die letzte Einstellung des Films zeigt die Fuhrmanns im Zug auf der Rückreise. Sophie hat im Gang einen kleinen Zaubertrick eingeübt, den sie nun, die Abteiltür für ihren Auftritt nutzend, vor dem kleinen Publikum der Familie zum Besten gibt: »Nur mit der Kraft meines Willens kann ich Geld herbeizaubern!« Der Trick gelingt (mehr oder weniger). Der Vater lobt milde: »Sehr gut, mein Kind.« Mit dieser ambivalenten Szene, die die Verführbarkeit von Kindern ebenso offenbart wie ihre Unschuld, wird der Zuschauer entlassen, um sich selbst eine Meinung zu bilden.

Auswahlbibliographie

Ausgaben

THOMAS MANN: Mario und der Zauberer. Ein tragisches Reiseerlebnis. 24. Auflage. Frankfurt a. M.: Fischer Taschenbuch Verlag 2011 (Nr. 9320). Nach dieser Ausgabe wird die Erzählung mit Seitenzahlen zitiert.

THOMAS MANN: Gesammelte Werke in dreizehn Bänden. Frankfurt am Main: S. Fischer Verlag 1974. Als Taschenbuchausgabe: Frankfurt am Main: Fischer Taschenbuch Verlag 1990. Für Zitate aus Thomas Manns Werken wird diese Ausgabe zugrunde gelegt. (zitiert als: GW; römische Ziffern bezeichnen den Band, arabische die Seitenzahl).

Selbstzeugnisse

THOMAS MANN: Große kommentierte Frankfurter Ausgabe – Werke, Briefe, Tagebücher. Band 23,1: Briefe III, 1924–1932 (Textband). Herausgegeben von THOMAS SPRECHER, HANS R. VAGET und CORNELIA BERNINI. Frankfurt am Main: S. Fischer Verlag 2011 (zitiert als: GkFA).

Zu Leben und Werk Thomas Manns

KARTHAUS, ULRICH: Thomas Mann. Literaturwissen für Schule und Studium. Stuttgart: Reclam Verlag 1994 (RUB 15203) (zitiert als: Karthaus).

KOOPMANN, HELMUT (Hrsg): Thomas-Mann-Handbuch. Stuttgart: Alfred Kröner Verlag 1990 (zitiert als: TM-Handbuch).

KURZKE, HERMANN: Das Leben als Kunstwerk. Eine Biographie. München: Verlag C. H. Beck 1999. Als Taschenbuchausgabe: Frankfurt am Main: Fischer Taschenbuch Verlag, 4. Auflage 2005. (zitiert als: Kurzke).

SCHRÖTER, KLAUS: Thomas Mann. Überarbeitete Neuausgabe. Reinbek bei Hamburg: Rowohlt 2005 (rm 50677).

Ausgewählte Forschung zu »Mario und der Zauberer«

EIGLER, FRIEDERIKE: Die ästhetische Inszenierung von Macht. Thomas Manns Novelle »Mario und der Zauberer«. In: Heinrich Mann-Jahrbuch 2. 1984, S. 172 – 183 (zitiert als: Eigler).

FÜLLMANN, ROLF: Thomas Manns »Mario und der Zauberer«. In: ROLF FÜLLMANN: Einführung in die Novelle. Darmstadt: Wissenschaftliche Buchgesellschaft 2010, S. 125 – 133 (zitiert als: Füllmann).

HAASE, JÜRGEN (Hrsg.): Mario und der Zauberer. Das Buch zum Film von Klaus Maria Brandauer. Berlin: Henschel-Verlag 1994 (zitiert als: Haase).

HAMACHER, BERND: Thomas Mann: Mario und der Zauberer. Erläuterungen und Dokumente. Stuttgart: Reclam Verlag 2006 (RUB 16044) (zitiert als: ED).

HAMACHER, BERND: Die Utopie der Mitte. Zum politischen Kontext und zur kulturellen Topographie von »Mario und der Zauberer«. In: PILS, HOLGER (vgl. den entsprechenden Haupteintrag), S. 16 – 35 (zitiert als: Hamacher in BBH-Katalog).

KOOPMANN, HELMUT: Mario und der Zauberer. In: VOLKMAR HANSEN (Hrsg.): Thomas Mann. Romane und Erzählungen. Interpretationen. Stuttgart: Reclam Verlag 1993 (RUB 8810), S. 151–185 (zitiert als: Koopmann).

KOOPMANN, HELMUT: Der Künstler als Scharlatan. Bruder Cipolla und seine Vorgänger. In: PILS, HOLGER (vgl. den entsprechenden Haupteintrag), S. 36 – 51 (zitiert als: Koopmann in BBH-Katalog).

MAZZETTI, ELISABETTA: Thomas Manns »Mario und der Zauberer« – der italienische Hintergrund und die Rezeption in Italien. In: PILS, HOLGER (vgl. den entsprechenden Haupteintrag), S. 96 –119 (zitiert als: Mazzetti in BBH-Katalog).

PILS, HOLGER, und CHRISTINA ULRICH (Hrsg.): Thomas Manns »Mario und der Zauberer«. Lübeck: Kulturstiftung Hansestadt Lübeck 2010. (Dieser Band erschien anlässlich der Ausstellung »Thomas Manns ›Mario und der Zauberer‹ und die Schatten des

Faschismus« 2010 im Buddenbrookhaus, Lübeck. Zitiert als: BBH-Katalog.)

PÖRNBACHER, KARL: Thomas Mann. Mario und der Zauberer. Erläuterungen und Dokumente. Stuttgart: Reclam Verlag 1980 (RUB 8153) (zitiert als: ED 1980).

SCHREY, DIETER: Thomas Mann. Mario und der Zauberer. Materialien und Arbeitsanregungen. Braunschweig: Schroedel Verlag 2010.

VAGET, HANS RUDOLF: Thomas Mann – Kommentar zu sämtlichen Erzählungen. München: Winkler Verlag 1984 (zitiert als: Vaget).

ZELLER, REGINE: »Die beherrschende Kraft eines stärkeren Wollens«– der Cavaliere Cipolla und die Verführung der Masse. In: PILS, HOLGER (vgl. den entsprechenden Haupteintrag), S. 52 – 71 (zitiert als: Zeller in BBH-Katalog).

Zum literatur- und zeitgeschichtlichen Hintergrund

GRIMM, GUNTER E. (Hrsg.): Italien-Dichtung. Band 1. Erzählungen von der Romantik bis zur Gegenwart. Stuttgart: Reclam Verlag 1988 (RUB 8462) (zitiert als: Italien-Dichtung).

KOPPEN, ERWIN: Dekadenter Wagnerismus. Studien zur europäischen Literatur des Fin de siècle. Berlin: Verlag Walter de Gruyter 1973.

MANN, GOLO (Hrsg.): Propyläen Weltgeschichte. Band 9: Das zwanzigste Jahrhundert. Frankfurt am Main, Berlin: Propyläen Verlag 1960 (zitiert als: Propyläen Weltgeschichte).

Über die Autorin

Martina Hoffschulte, geboren 1965, studierte in Münster Germanistik, Publizistik / Kommunikationswissenschaft und Pädagogik. Nach beruflichen Stationen an der Universität Münster, in Verlagen und Buchhandel sowie beim Börsenverein des Deutschen Buchhandels – Landesverband Nordrhein-Westfalen ist sie seit 2006 Inhaberin einer ›TextAgentur‹ (Texterstellung, Lektorat, Redaktion, Textseminare). Sie hat über Thomas Mann promoviert: *»Deutsche Hörer!« Thomas Manns Rundfunkreden (1940 bis 1945) im Werkkontext. Mit einem Anhang: Quellen und Materialien.* 2. Auflage. Münster: Telos Verlag 2004.

Bildquellenverzeichnis

Titelbild: Pavel Greco als Mario in dem unter der Regie von Klaus Maria Brandauer entstandenen Spielfilm »Mario und der Zauberer« (Deutschland / Österreich / Frankreich 1994) nach der Erzählung von Thomas Mann. Foto: © ddp images
S. 9 und 27: © Keystone, Zürich / Thomas-Mann-Archiv / STR
S. 21: © ullstein bild – SV-Bilderdienst
S. 25: © ullstein bild
S. 29, 30 und 61: © Hans-Meid-Stiftung
S. 33, 56, 69 und 91: © ddp images
S. 63: © Fernando »Milton« Giovannitti
S. 81: © bpk, Berlin / Heinrich Hoffmann
S. 95: © Menke / drama-berlin.de
S. 115: © bpk / Scala

Bereits erschienen:
Bertolt Brecht: *Leben des Galilei* (47702)
Georg Büchner: *Dantons Tod* (47719)
Georg Büchner: *Woyzeck* (47708)
Friedrich Dürrenmatt:
Der Besuch der alten Dame (47706)
Friedrich Dürrenmatt:
Die Physiker (47712)
Theodor Fontane: *Effi Briest* (47707)
Theodor Fontane:
Irrungen, Wirrungen (47722)
Max Frisch: *Homo faber* (47718)
Johann Wolfgang von Goethe:
Die Leiden des jungen Werther (47701)
Johann Wolfgang von Goethe:
Faust I (47721)
Johann Wolfgang von Goethe:
Iphigenie auf Tauris (47715)
Franz Kafka: *Der Proceß* (47703)
Heinrich von Kleist:
Das Erdbeben in Chili (47709)
Heinrich von Kleist:
Michael Kohlhaas (47705)
Heinrich von Kleist:
Prinz Friedrich von Homburg (47713)
Wolfgang Koeppen:
Tauben im Gras (47714)
Thomas Mann:
Buddenbrooks (47716)
Friedrich Schiller: *Don Karlos* (47704)
Friedrich Schiller:
Kabale und Liebe (47723)
Friedrich Schiller: *Maria Stuart* (47700)
Arthur Schnitzler:
Leutnant Gustl (47710)
Arthur Schnitzler:
Traumnovelle (47711)

Folgende weitere Bände der Reihe »Schroedel Interpretationen« erscheinen 2012 und 2013:
Alfred Andersch: *Sansibar oder der letzte Grund* (47726; Sommer 2012)
Günter Grass: *Im Krebsgang* (47730; Herbst 2012)
E. T. A. Hoffmann: *Der Sandmann* (47725; Sommer 2012)
Franz Kafka: *Die Verwandlung* (47727; Anfang 2012)
Daniel Kehlmann: *Die Vermessung der Welt* (47736; Sommer 2013)
Christian Kracht: *Faserland* (47729; Anfang 2012)
Heinrich von Kleist: *Die Marquise von O …* (47734; Anfang 2013)
Gotthold Ephraim Lessing: *Emilia Galotti* (47724; Frühjahr 2012)
Gotthold Ephraim Lessing: *Nathan der Weise* (47732; Sommer 2013)
Thomas Mann: *Der Tod in Venedig* (47728; Sommer 2012)
Joseph Roth: *Hiob* (47731; Ende 2012)
Sophokles: *Antigone* (47735; Frühjahr 2013)
Peter Stamm: *Agnes* (47720; Frühjahr 2012)

Inhaltsverzeichnisse und **Probeseiten** finden Sie unter: http://www.schroedel.de/Interpretationen

Eine Auswahl von Lektüren der Reihe Texte.Medien (Textausgaben mit Materialien)

Die einzelnen Bände werden jeweils durch **Arbeitshefte**, **Informationen für Lehrerinnen und Lehrer** und zum Teil **mediales Zusatzangebot** ergänzt:

Georg Büchner: *Woyzeck* (47028)
Johann Wolfgang von Goethe:
Faust. Der Tragödie erster Teil (47009)
Johann Wolfgang von Goethe:
Iphigenie auf Tauris (47422)
Franz Kafka: *Der Proceß* (47062)
Heinrich von Kleist:
Michael Kohlhaas (47027)
Heinrich von Kleist: *Prinz Friedrich von Homburg* (47064)
Friedrich Schiller:
Kabale und Liebe (47423)
Arthur Schnitzler:
Traumnovelle (47006)

Weitere Titel sowie eine Übersicht zu geplanten neuen Textausgaben finden Sie unter: www.schroedel.de/textemedien